基于深度学习的裂缝病害图像检测与识别技术

张志华 著

科学出版社
北京

内 容 简 介

利用深度学习进行图像检测和特征提取是近年来的研究热点。本书通过系统总结国内外路面裂缝病害自动识别和提取的相关成果，详细介绍深度学习的相关理论，构建改进残差网络与注意力机制的语义分割网络，结合双注意力机制的语义分割网络，基于高分辨率模型的裂缝病害图像分类和分割网络，以及基于可变形单步多框目标检测的裂缝检测模型，对裂缝病害图像进行分类与分割提取，可以大幅提升裂缝的分类与识别精度，丰富深度学习中的网络模型。

本书可供摄影测量与遥感、遥感科学与技术、计算机图像处理等专业高等院校本科生和研究生，以及从事这方面研究的科研人员、工程技术人员参考。

图书在版编目(CIP)数据

基于深度学习的裂缝病害图像检测与识别技术／张志华著．—北京：科学出版社，2023.8

ISBN 978-7-03-075944-3

Ⅰ.①基… Ⅱ.①张… Ⅲ.①路面-裂缝-图像处理-目标检测 Ⅳ.①U418.6-39

中国国家版本馆 CIP 数据核字(2023)第 121010 号

责任编辑：张艳芬 李 娜／责任校对：崔向琳
责任印制：吴兆东／封面设计：蓝正设计

科 学 出 版 社 出版
北京东黄城根北街 16 号
邮政编码：100717
http://www.sciencep.com

北京中石油彩色印刷有限责任公司 印刷
科学出版社发行 各地新华书店经销
*

2023 年 8 月第 一 版 开本：720×1000 B5
2023 年 8 月第一次印刷 印张：8 3/4
字数：166 000
定价：98.00 元
(如有印装质量问题，我社负责调换)

前　言

交通是评估一个国家现代化程度及经济发展水平的重要指标之一。受复杂地理环境的影响，在广泛的交通载荷作用下，路面会出现不同程度的损伤。裂缝是最主要的路面病害，能够降低路面的承载能力和防水能力，从而加速路面通行条件的恶化。周期性路面评价可快速定位和维修路面裂缝病害，减少因路面裂缝病害诱发的人员伤亡和财产损失。路面的实时监测和养护是智慧交通不可或缺的内容。

路面裂缝病害图像的自动识别是交通信息工程和模式识别领域的一个经典课题。如何准确、快速地检测与识别路面裂缝信息，对公路的建设和维护具有重要意义。

本书针对路面裂缝病害图像检测与识别、路面裂缝病害图像的分类和识别，从以下方面进行阐述：

(1)对国内外路面裂缝病害图像检测和提取研究中存在的问题进行剖析。

(2)对深度学习进行概述，分析深度学习的训练过程，细化卷积神经网络的基本结构——卷积层、池化层、全连接层、激活函数、损失函数、上下采样计算等，重点阐述卷积神经网络中的图像分类模型和卷积神经网络中的图像分割模型。

(3)制作裂缝病害图像的样本集，给出基于深度学习模型的实验环境搭配及参数设置。

(4)针对语义分割网络设计解决目标背景不均衡问题，设计改进残差网络与注意力机制的语义分割网络，将残差网络中的普通卷积替换为空洞卷积，调整残差网络下图像特征采样的最低分辨率，提高网络性能。

(5)针对基于残差网络与注意力机制的语义分割网络在细节信息提取方面的不足，本书提出结合双注意力机制的语义分割网络，将少数类像元的关系权重持续提高，有效提取上下文信息，使得改进后的残差注意力机制降低参数计算量，提高模型训练效率。

(6)根据单步多框目标检测网络的多尺度特征对高分辨率网络进行改进，本书设计出基于改进高分辨率网络的裂缝病害图像分类网络，在保留高分辨率网络高分辨率特征的前提下，加入单步多框目标检测网络的分类器，提升高分辨率网络对大尺度目标的识别性能。同时，在高分辨率网络的前两层引入混合空洞卷积，增大网络的感受野，进一步加强网络的分类性能；设计基于高分辨率网络的裂缝病害图像分割网络，通过加入挤压与激励注意力机制并采取逐层融合的特征融合方案，基于注意力机制对特征融合中的特征层按照重要性重新进行融合,提高裂缝特征的提取能力。

(7)通过在网络中添加可变形卷积来改进单步多框目标检测网络,得到可变形单步多框目标检测网络的裂缝检测模型,极大地提升模型性能。在训练过程中采用微调可以避免过拟合和模型退化,加入迁移学习可以加速模型的收敛。检测结果表明,该模型不仅可以检测复杂环境中的裂缝,而且可以检测多目标的裂缝病害图像。

在撰写本书的过程中,西南交通大学朱庆教授、中南大学胡俊教授给予了大力支持;得到了兰州交通大学测绘与地理信息学院闫浩文教授、杨树文教授、何毅教授、周亮教授及课题组李轶鲲博士、李小军博士等的鼎力支持;硕士闫坤、邓砚学、张伯树、袁昊、荣幸、朱昕宇、王伟、冯东东、胡长涛、吴智慧等进行了大量文献分析、实验研究、绘图、排版和文字校对等工作,同时,期刊 *Journal of GeoVisualization and Spatial Analysis* 的各位编委老师也给出了修改意见,在此谨向他们表示诚挚的感谢。感谢甘肃恒石公路检测科技有限公司乔衡正高级工程师、张建军高级工程师、张新秀高级工程师在研究方面给予的指导、支持和帮助。

本书得到中央引导地方科技发展资金项目(22ZY1QA005)、国家自然科学基金项目(41861059)和甘肃省自然科学基金项目(23JRRA870)的共同资助。

在机器学习和深度学习领域,各种裂缝病害图像处理的方法、算法颇多,各种类型的图像检测与分析模型更新较快,书中难免存在不足之处,敬请读者批评指正。

目 录

前言
第1章 绪论 ·· 1
  1.1 研究的背景及意义 ·· 1
  1.2 国内外研究现状 ·· 2
    1.2.1 深度学习中的图像分类网络 ·· 2
    1.2.2 深度学习中的图像分割网络 ·· 3
    1.2.3 路面裂缝检测 ·· 4
    1.2.4 路面裂缝病害图像的分类和评估 ·· 9
  1.3 本章小结 ··· 11
第2章 深度学习 ··· 12
  2.1 深度学习概述 ··· 12
  2.2 深度学习网络结构 ·· 12
    2.2.1 单层神经网络 ·· 12
    2.2.2 多层神经网络 ·· 14
    2.2.3 常见的 CNN ·· 16
  2.3 深度学习训练过程 ·· 17
    2.3.1 监督学习 ·· 17
    2.3.2 非监督学习 ·· 19
  2.4 CNN ··· 20
    2.4.1 CNN 基本结构 ··· 20
    2.4.2 卷积层 ·· 20
    2.4.3 池化层 ·· 24
    2.4.4 全连接层 ·· 26
    2.4.5 激活函数 ·· 27
    2.4.6 损失函数 ·· 29
  2.5 上下采样计算 ··· 29
    2.5.1 感受野 ·· 29
    2.5.2 空洞卷积 ·· 30
    2.5.3 上采样计算 ·· 31

2.5.4　下采样计算 ··· 32
2.6　CNN 中的图像分类模型 ··· 33
　　2.6.1　Fast RCNN 模型 ··· 33
　　2.6.2　SSD 网络模型 ·· 35
　　2.6.3　YOLOv4 网络模型 ··· 36
2.7　CNN 中的图像分割模型 ··· 38
　　2.7.1　FCN 模型 ·· 39
　　2.7.2　SegNet 模型 ··· 41
　　2.7.3　U-Net 模型 ··· 41
　　2.7.4　DeepLab v3＋网络 ··· 42
　　2.7.5　DenseASPP 网络 ·· 42
2.8　本章小结 ··· 44

第 3 章　裂缝病害图像特征分析及数据预处理 ·············· 45
3.1　路面裂缝类型 ··· 45
3.2　路面裂缝的特点及成因 ··· 46
　　3.2.1　路面裂缝的特点 ··· 46
　　3.2.2　路面裂缝的成因 ··· 47
3.3　路面裂缝数据集制作 ··· 48
　　3.3.1　自制数据集 Highway Crack ······························· 48
　　3.3.2　自制可变 SSD 数据集 ·· 49
　　3.3.3　公共数据集 ··· 51
　　3.3.4　图像集预处理 ··· 52
3.4　裂缝识别技术流程 ··· 53
3.5　实验环境选择及搭建 ··· 54
　　3.5.1　实验环境选择 ··· 54
　　3.5.2　实验环境搭建 ··· 55
3.6　本章小结 ··· 56

第 4 章　基于 CNN 的公路裂缝分类识别实验及分析 ···· 57
4.1　实验模型评估与分析 ··· 57
4.2　卷积可视化分析 ··· 62
4.3　路面裂缝特征提取与分析 ··· 65
4.4　路面裂缝识别结果 ··· 67
4.5　本章小结 ··· 68

目 录

第 5 章 基于改进残差网络与注意力机制的语义分割网络 …… 70
- 5.1 残差网络 …… 70
- 5.2 注意力机制 …… 71
- 5.3 带空洞卷积的残差网络 …… 73
- 5.4 Non-Local 计算模式的注意力机制 …… 75
- 5.5 网络模型设计 …… 76
- 5.6 训练参数 …… 77
- 5.7 评价指标 …… 77
- 5.8 数据集 …… 78
- 5.9 实验分析 …… 79
- 5.10 本章小结 …… 81

第 6 章 结合双注意力机制的语义分割网络 …… 82
- 6.1 残差注意力机制 …… 82
- 6.2 网络模型设计 …… 84
- 6.3 实验结果分析 …… 84
  - 6.3.1 空洞卷积消融实验 …… 84
  - 6.3.2 残差注意力不同结构性能分析 …… 88
  - 6.3.3 与其他深度学习神经网络对比实验 …… 89
- 6.4 本章小结 …… 92

第 7 章 基于高分辨率模型的裂缝病害图像分类网络与分割网络 …… 93
- 7.1 基于高分辨率模型的裂缝病害图像分类网络 …… 93
  - 7.1.1 HRNet …… 93
  - 7.1.2 混合空洞卷积 …… 95
  - 7.1.3 网络模型设计 …… 96
  - 7.1.4 基于 HRNet 的实验结果与分析 …… 97
- 7.2 基于高分辨率模型的裂缝病害图像分割网络 …… 98
  - 7.2.1 密集上采样卷积 …… 98
  - 7.2.2 Passthrough layer 模块 …… 99
  - 7.2.3 挤压与激励注意力机制 …… 100
  - 7.2.4 网络模型设计 …… 101
  - 7.2.5 实验结果与分析 …… 102
- 7.3 本章小结 …… 107

第 8 章 基于可变形 SSD 的裂缝检测模型 …… 109
- 8.1 SSD …… 109

  8.2 默认框 ……………………………………………… 109
  8.3 网络结构 ……………………………………………… 111
  8.4 实验过程与检测结果 ………………………………… 114
    8.4.1 实验过程 ……………………………………… 114
    8.4.2 检测结果 ……………………………………… 120
  8.5 本章小结 ……………………………………………… 122

参考文献 …………………………………………………………… 123

第1章 绪　　论

1.1　研究的背景及意义

随着公路建设工程的快速发展,公路巡检和养护管理已成为我国公路建设领域的一项重要工作[1]。道路建设完成并投入使用后,会因交通载荷和自然因素(如温度变化、空气湿度、地质浸水、阳光强度等)的影响而产生一系列路面损坏的问题,导致道路的承载能力逐渐降低[2]。路面裂缝是评价路面质量的重要参数,也是大多数病害的早期表现,直接影响道路寿命和行车安全。其危害如图1.1所示,提前发现裂缝并进行修补,可以避免后续衍生出更严重的路面病害,造成更大的损失。因此,对公路表面的裂缝进行识别检测十分必要,然而公路路面环境复杂,对裂缝的自动识别干扰过大,目前针对裂缝的识别检测大多还停留在人工阶段。对裂缝进行识别检测的主要方法为:利用采集车或人工拍照等方式进行路况图像的拍摄,再通过人工识别的方式进行检测。该方法不仅效率低下,还存在人为判定的失误,因此需要设计针对路面裂缝病害图像的自动检测算法[3,4]。

图1.1　路面裂缝危害

近年来,计算机更新迭代速度逐渐加快,目前世界上运算速度最快的计算机可以实现每秒上百亿亿次的运算[5]。这意味着,计算机可以完成甚至超过人类所能完成的任务,而以卷积神经网络(convolutional neural network,CNN)为代表的深度学习算法已在各行各业得到应用,尤其在移动支付、天眼监测系统以及自动驾驶领域。基于计算机视觉的项目研发成为重点,而其核心正是深度学习[6]。作为传统机器学习算法的新分支,深度学习算法具备以下优势:

(1)深度学习框架下建立的网络对深层特征信息的挖掘远高于传统的机器学

习,通过获取到的信息可以对原始样本数据进行解译,而且数据量越多,深度学习的效率越高。

(2)在应用传统机器学习算法解决问题时,先将问题按任务需求分为若干小问题,共同解决完所有小问题之后,再通过整合得出最后的结果。深度学习则是运用端到端的方式处理问题,其流程更为高效、简洁。

(3)深度神经网络的训练不需要人为干预,在图像处理的过程中,每一层计算后的参数都会继承到下一层,同时在网络中每一层的神经元都可以通过卷积提取更多的特征信息,训练后的结果可以用来预测,而传统机器学习算法则不具备这种能力[7]。

持续完善与创新的计算机视觉和机器学习逐渐成为图像处理和人工智能方向的热点。深度学习通过建立类似人脑的神经网络,利用其自动学习的功能实现数据的准确分类。在图像处理领域,深度学习发挥着重要作用,尤其对路面破损信息的识别意义重大。

随着深度学习不断优化升级,在计算机图像处理领域,卷积神经网络大放异彩,在各个行业都有广泛应用[8]。例如,U-Net在医学影像分割领域取得了一席之地;CenterNet凭借回归目标中心点方式在目标检测领域获得优势;在人体姿态估计领域,也有级联金字塔网络(cascaded pyramid network,CPN)、Hourglass等。将卷积神经网络优化后引入路面裂缝的自动识别中同样可以取得良好的效果,通过目标检测可以确定裂缝出现的位置以及具体范围,采用图像分割的方式可以获取裂缝的具体面积和大小。总之,卷积神经网络是解决路面裂缝自动识别的最佳途径之一,而实现的重点在于如何针对裂缝病害图像的特点对网络模型进行针对性的优化,使得最终的检测结果达到预期,也即通过提高裂缝路面的识别精度,为交通部门日常的道路养护提供准确的信息。

1.2 国内外研究现状

1.2.1 深度学习中的图像分类网络

计算机视觉最初的用途之一就是图像分类,即检测图像中是否包含某类物体。对图像的特征进行描述是对物体进行分类的基本任务[9]。图像中的物体分类主要通过人为特征寻找或者特征学习完成对图像全区域的扫描,使用分类器判断物体是否存在及存在的具体类别。目前,主流的特征提取方法有以下3种:

(1)方向梯度直方图(histogram of oriented gradient,HOG)特征[10]。HOG是一种特征描述子,主要功能是对图像中的目标物进行检测和定位,通过构建图像中目标区域的梯度直方图来获取目标物的特征。HOG特征结合支持向量机（support vector machine,SVM）分类器对行人进行检测，是一种较为主流的图像特征提取算子。

(2)尺度不变特征变换（scale-invariant features transform,SIFT）[11]。SIFT主要用于检测局部特征，该算法除了能获取图像中的特征点，还能收集有关尺度和方法的描述子，从而获取物体特征并进行图像特征点匹配。SIFT的特点在于尺度不变性，即任意改变拍摄角度、旋转方位甚至是图像亮度，其检测效果都十分稳定。

(3)加速稳健特征（speeded up robust features,SURF）[12]。SURF的概念及运算原理均来自SIFT，是SIFT的升级版，但两者的特征提取流程略有不同。其运算步骤大致可以概括为：特征点测定、特征邻近描述、描述子配对。SURF通过建立Hessian矩阵构造高斯金字塔尺度空间，在初步确定特征点的阶段采用了非极大值抑制法，通过精确定位的极值点选取特征点的主方向用于构造SURF特征点描述子。SURF相较于SIFT的优点是，速度快且稳定性好。

在传统的图像分类研究中，大多数特征的提取过程都是人为设计好的，仅采用浅层学习来获得图像的特征，其准确性无法达到较高的水平。深度学习通过已验证的网络模型，从训练数据中学习图像的高层次结构特征，能够提取更加准确的图像语义特征，其深度不仅局限于浅层的图像信息，在图像识别上的表现早已超过传统方法。

CNN在特征提取上具有较为明显的优势，模型提取的特征随着网络深度的增加变得更加丰富，图像语义信息更饱满，存在的不确定性因素越少，网络的识别能力越强。LeNet[13]作为最早的一批深度学习网络，主要用于手写字符的识别与分类。虽然LeNet的提出时间比较早，但当时计算机的性能远达不到高运算量的需求，同时缺乏足够的训练样本，因此LeNet在面对复杂的图像处理场景时往往效果并不理想。AlexNet[14]将卷积神经网络图像分类的精度提升到一个新高度。作为ImageNet数据集上图像分类的优胜网络，AlexNet只采用8层网络结构就达到了很好的分类效果，为后来许多图像分类网络的诞生提供了参考。GoogleNet[15]将网络设计的思路从单纯堆叠层数转变成优化网络结构。通过Inception模块结构，GoogleNet实现了多尺度特征的提取，其网络对下采样方向也进行了更新。ResNet[16]创新性地提出了残差网络的概念，解决了深层网络过拟合的问题，加强了网络提取特征的能力。后来不少高层次网络结构中都采用ResNet中的残差模块，如DenseNet和YOLO（you only look once）系列网络等。

1.2.2 深度学习中的图像分割网络

图像分割在计算机视觉领域有着十分重要的意义，对图像的语义结构分析起着决定性的作用。作为图像处理的关键步骤,图像分割将图像按指定要求进行区域划分,为后续的图像分析提供了信息依据[17]。从微观角度分析,图像分割就是将图像中的每个像素按照编号进行分类,实现像素级别的分割是图像分割的终极目标。然而,图像实际处理过程会出现光照不均、噪声及阴影等现象,严重影响分割的精度,解决这些干扰是当前图像分割中的关键。

目前,传统分割算法主要分为以下类别:

(1)阈值分割算法[18]。阈值分割算法在传统分割算法中应用最为广泛,其原理是按照设定的不同特征阈值对图像中的区域进行划分,分割结果为不同灰度阈值的目标区域和背景区域。该方法的优势在于运算量小、操作简单,难点在于特征阈值的确定。

(2)区域生长法[19]。区域生长法的分割原理不同于阈值分割算法,其特点是后一步的分割处理由前一步的分割结果决定,将具有相似特征的像素进行集合,实现"生长"。该方法对均匀连续的目标有较好的分割效果,但分割结果受噪声的干扰较大,且分割效率低于阈值分割算法,适合特定目标的分割。

(3)边缘检测算法[20]。边缘检测算法的原理来源于不同的目标区域边缘附近像素灰度值存在变化,变化越明显,检测效果越好。如果目标区域和背景区域的灰度值变化不大,或者图像中存在噪声阴影等干扰因素,那么边缘检测算法的精度就会受到较大干扰,因此在检测前进行图像预处理是十分必要的。

CNN的出现将图像分割技术带入自动化、智能化的时代。全卷积网络(fully convolutional network,FCN)[21]实现了图像分割任务中端到端、像素到像素的训练方法,其创新性地采用了编码器-解码器的网络结构,最终实现分割结果达到像素级。相较于CNN,FCN保留了CNN用于特征图的提取,将CNN中的全连接层替换为对应的卷积层,以实现特征的恢复。U-Net[22]在医学领域的图像分割取得了较好的效果,在保留FCN中编码器-解码器网络结构的前提下,U-Net创新性地在网络中采用了跳跃连接的方式,以更少的训练样本取得了更好的分割效果。DeepLab网络[23]将编码器-解码器网络结构和条件随机场相结合,提升了图像边缘分割的效果,同时采用空洞卷积提高每一层特征的感受野,进一步优化了分割效果。掩膜区域卷积神经网络(mask reqion convolutional neural network,Mask RCNN)[24]创新性地推出了定位到像素层面的分割技术,能够对图像中的对象进行更为准确的分割,带动图像分割领域分割精度的进一步提升。

1.2.3 路面裂缝检测

针对路面裂缝检测,从最初烦琐的人工识别,到计算机时代的边缘检测、机器学习等新手段的采用,终于进入自动化时代,然而裂缝病害图像的特殊性导致检测精度达不到实际要求。随着深度学习在计算机视觉方向的发展,利用CNN进行路面裂缝检测的方法逐渐被提出。相对于传统方法,基于CNN的路面裂缝检测的识别精度更高,具备更好的发展前景。

1. 路面裂缝病害图像的增强

图像差方法是指对不同滤波处理得到的图像进行差运算,从而达到图像处理的目的。该方法将原始路面图像与经过低通滤波处理的模糊图像进行相减,得到一幅图像差。该图像差消除了光照的不均匀,减弱了道路白线标记、轮胎印等的影响,同时保留了裂缝信息,但图像差方法无法检测细微裂缝,并且耗时较长。基于图像差方法的灰度校正算法对图像进行校正时,可以消除背景光照的不均匀,但同时降低了裂缝的对比度[25]。基于多偏微分方程融合的增强算法可用于路面图像去噪、裂缝边缘锐化和裂缝增强等,但该算法中的某些重要参数需经过统计分析进行求解,而且这些参数不具备普适性,只适用于同一条件下获取的路面图像[26]。李清泉等[27]利用Wallis变换对路面病害图像进行掩模处理,增强了图像的反差并抑制了噪声,得到了灰度均匀分布的图像。三维路面裂缝病害图像的增强处理,利用非亚采样等高线变换(nonsubsampled contourlet transform,NSCT)和分数微分进行裂缝深度图像的增强与检测,但受限于仪器和费用,不易推广[28,29]。基于模糊熵和模糊散度等模糊理论,Zhang等[30]提出一种自动脊波图像增强算法,对高频信号进行拉伸,再通过Ridgelet逆变换得到增强后的图像,取得了较好的效果。该算法在路面图像去噪、裂缝信息提取等方面取得了很好的效果,但是相关参数还需针对不同图像进行设定[30]。

2. 路面裂缝病害图像的分割算法

很多学者将数字图像处理领域的新技术应用于路面裂缝病害图像的增强、目标分割、目标参数测量、目标分类等环节中,提出了很多算法。

1) 阈值分割算法

阈值分割算法简单有效、运算速度快,广泛应用于路面病害图像的分割中。Tsai等[31]使用传统的最大类间方差法(该算法由Nobuyuki Otsu提出,又称为OTSU算法)来分割图像,并检测图像中的裂缝,进而提出动态(自适应)阈值分割算法来分割图像。也有学者将回归法、OTSU算法值、最小误差法、松弛因子法等阈值分割算法应用于路面裂缝病害图像的分割,对比后发现回归法效果最好,但针对不同的图像数据,需要采用人工建立阈值回归模型,因此回归法不具备普适性[32]。

掩模平滑法用于路面图像增强,可以消除大量噪声,再以类内距离准则对图像进行阈值分割,提取图像中的裂缝特征。该方法对孤立的噪声点处理效果欠佳,且裂缝边缘常存在不连续的情况,实时阈值分割算法通过像素灰度的均值和方差计算阈值,未考虑裂缝的空间分布特性,其误检率较高[33]。

在某些情况下,多级阈值和动态(自适应)阈值可以很好地提取裂缝,但不适合复杂图像。区域合并和区域分割对裂缝病害图像不利,因为图像中的裂缝易于合并到背景中的线性对象中。总之,不可能只使用一种算法来提取图像中的裂缝,不同算法的融合可有效克服该问题。

目前,已研发出的数百种到数千种阈值分割算法可以分为两类:一类基于灰度(或颜色)直方图,另一类基于方向梯度直方图。目前流行的全局阈值分割算法包括:类间方差法、基于熵的分割算法、最优阈值分割算法、基于矩保持的分割算法、双模算法、基于梯度幅度的分割算法和基于动态边缘的分割算法。相关评价结果表明,基于熵的分割算法和基于四叉树的分割算法对图像对比度和直方图分布很敏感。裂缝病害图像往往是噪声图像,因此不建议使用对图像更敏感的基于熵的分割算法、基于四叉树的分割算法和基于矩保持的分割算法[34]。

由于缺乏统一的测试样本,很难对已有的路面裂缝病害图像自动识别算法进行统一、客观评估。对检测算法的评价指标有检出率、漏检率和误检率。一般检出率升高,误检率就会上升,漏检率会降低;反之检出率降低,漏检率可能会上升,误检率反而会下降。如何寻找新的分割算法,使其能提高检出率,同时还能降低漏检率和误检率是目前研究重点,可以通过建立大量的测试样本库和人工分割底图对现有算法进行客观评估[35,36]。

Sun 等[37]提出了一种加权阈值邻域分割算法来自动识别裂缝。结果表明,该分割算法和自动检测算法都具有较高的精度和速度,适用于路况的实时分析。

Premachandra 等[38]通过对裂缝病害图像的像素进行方差分析,提取包含裂缝的道路区域作为裂缝病害图像,使用判别分析方法提取裂缝,对不同道路图像的测试,证明了该算法在道路裂缝检测中的可行性。Oliveira 等[39]提出了一套完整的基于块和像素方法的图像处理算法对路面裂缝进行检测。该算法使用仿真软件设计了裂缝病害图像预处理、裂缝检测和类型描述以及专门用于裂缝检测和特征性能评估的模块,为深入地研究裂缝提供了借鉴,但该算法对细裂缝的检测精度稍低。

孙波成[40]利用小波变换对裂缝病害图像进行分解重构,从而确定裂缝边缘位置,并对小波分解系数进一步优化,以去除图像噪声,加强裂缝边缘信息,进而利用阈值分割算法生成相应的裂缝识别结果。

2)边缘检测算法

边缘检测算法可用于快速提取图像中的有用信息。边缘检测算子主要有

Robert 算子、Sobel 算子、Prewiit 算子、高斯拉普拉斯(Laplacian of Gaussian, LOG)算子以及 Canny 算子。边缘检测算子针对单一尺度的阶跃边缘处理效果较好,而路面裂缝是一种多尺度的脊边缘,因此边缘检测算子处理的效果较差。利用多方向 Sobel 算子对路面图像进行卷积运算,取最大值作为边缘点,对图像进行阈值分割得到裂缝信息[41,42]。利用边缘的方向信息,通过相位编组方式可以检测出弱对比度的裂缝及细纹[43];采用基于具有自适应增强的图对比学习(graph contrastive learning with adaptive augmentation, GCA)的边缘检测算法对图像进行判别,若有裂缝存在,则通过校验与跟踪提取出裂缝[44]。这些算法的边缘漏检率低,但是易产生伪边缘,且阈值不易确定。将 Sobel 算子和高阶微分理论相结合,应用于裂缝检测,能较好地检测裂缝的边缘特征和纹理细节信息。

将形态学方法用于裂缝检测,主要是提取路面图像中的线性目标。基于区域增长技术和现有的图像处理算法,利用形态学操作提取裂缝骨架,表征裂缝的扩展,对裂缝骨架进行自适应分割[45]。此外,也可通过中值滤波器对图像进行增强,利用灰度形态算子检测裂缝[46]。基于区域生长的路面图像裂缝自动检测算法[47]需要设定种子点,主观性较强,当图像中噪声较多时,易造成边缘的错误判断。

3) 多尺度分割算法

由于路面裂缝具有多尺度特征,采用同一种尺度的边缘检测算法很难检测出各种尺度下的裂缝。在高维空间数据分析表达方面,基于小波分析、脊波分析的多尺度几何分析方法受到学者的关注,已逐渐成为遥感及计算机视觉图像处理领域研究的热点。该方法可用于表达图像边缘的稀疏性,符合人类视觉皮层对图像有效表示的要求,即局部性、方向性和多尺度性。国内外已经有学者将多尺度分割算法应用于路面裂缝病害图像的检测。基于非下采样 Contourlet 变换的路面病害检测算法具有多尺度、多方向性和平移不变性等特点,对路面微小裂缝的检测效果较好。由于小波各向异性的特点,当裂缝弯曲度高或连续度低时,小波检测算法效果较差[48]。王刚等[49]提出了一种基于小波分析的局部脊波变换方法,可提取图像中的局部线性特征,通过寻找奇异点得到裂缝的位置及宽度。Zuo 等[50]对路面图像进行多尺度分割,再利用小波包对每一级尺度的路面图像进行降噪。虽然具有较高的信噪比,但多尺度分割算法存在算法复杂、适应性差等问题。

多尺度表示与尺度空间理论有关,特别是金字塔理论、多网格理论和小波分析方法理论[51]。对于复杂的路面裂缝病害图像,多尺度分割算法非常有用。如果图像中的大多数裂缝都很薄,那么图像中的细节信息对裂缝跟踪是非常重要的,而算法必须避免丢失这些细节信息[52,53]。相反,若裂缝很厚,则有必要去除图像中的详细信息,否则会产生一些虚假裂缝。一般情况下,多尺度分割算法可以使图像结构具有粗尺度,对应于不同尺度的图像结构[54]。

Wu 等[55]为了在断续且模糊的道路图像中提取道路裂缝的几何特征,建立了一种可以使用多分辨率方法和 Max-Mean 方法相结合的图像处理系统,该系统在使用过程中具有很高的价值。

4)纹理分割算法

纹理在遥感图像检索、模式识别和可视化等众多领域中具有重要作用,是最受关注的图像特征。纹理具有区域性特征,可用对比度、方向性、粗细度、线状性、粗糙度、规则性等进行描述。近年来,纹理被应用于路面裂缝病害图像的识别之中。

通常采用分块图像的灰度方差值、均值和最小值来描述子块图像的纹理,并利用分类器区分含裂缝的子块,也可利用标准分数布朗运动矢量来描述子块图像的纹理,通过聚类算法查找含有裂缝的子块[56]。差分计盒方法将路面灰度图像转换成分形维数图像,利用直方图阈值分割算法对分形维数图像进行分割,从而得到裂缝病害图像的纹理,其效果优于 Sobel 算子[57]。

对比分析发现,对于较清晰的裂缝病害图像,纹理分割算法有较好的识别效果,对于低对比度的裂缝,路面背景噪声与裂缝具有相近的纹理特性,识别效果较差。

3. 基于聚类的裂缝检测算法

该算法的实现过程是:将裂缝病害图像作为图,节点作为像素,边缘作为像素之间的连接,在边缘权重中对像素的相似性信息进行编码,通过计算像素强度的差异来获得边缘权重。基于图论的最小生成树(minimum spanning tree,MST),可获取图中边的最小权重和无周期子集。基于 MST 的图像分割改进算法可对裂缝进行自动检测[58,59],但检测效率有待进一步提高。

基于人工蚁群和模糊 c-均值(fuzzy c-means,FCM)的聚类算法可对裂缝信息进行增强[60],将图像中的像素分配给一些任意形状的簇,根据形状筛选出裂缝簇。该算法将灰度图像视为参数曲面,利用表面几何性质的各向异性聚类算法进行分析。将裂缝部分同时分组到同一簇时,分割相邻的对象。此外,加入全局凸分割模型,为集群提供合适的候选点和重要参数。基于流形距离的裂缝提取迭代聚类算法通过计算两个数据点之间的流形距离,利用准则函数表示聚类目标,将所有的数据点分为两个簇(裂缝和背景),即可提取路面裂缝。实验表明,该算法可以有效提取裂缝,但存在错分现象[61]。王德方等[62]将 K-means 聚类算法和面积生长方法相结合,提出一种基于 K-means 聚类算法的高速公路裂缝检测方法,对受光照不均影响的裂缝路面具有较好的检测效果。Shi 等[63]提出一种用积分方式重新定义裂缝形成过程的方法可以更好地表示强度不均匀的裂缝;使用随机森林创建可以识别任意复杂裂缝的高性能裂缝检测器,建立了一种裂缝的新型描述方式,可以有效识别其他噪声环境中的裂缝。

将聚类和最小生成树耦合的路面裂缝检测算法,通过建立真实路面多尺度裂缝的基本单元模型,对路面裂缝类型进行分类。李清泉等基于图论中动态规划的原理,将网络分析中的最小代价路径和最短路径应用于路面裂缝检测[64],将裂缝抽象成连通节点图来进行裂缝的检测与提取。该算法的准确率较高,但是需要人工设置初始位置,不能实时自动检测,针对大数据量的图像检测,耗时较长。

4. 其他算法

张洪光等[65]采用人工种群和 Agent 算法进行路面裂缝检测。该算法具有较好的适应性和灵活性[65],在一定程度上可消除噪声、油污和黑斑的影响。李刚[66]阐述了多种结合灰色关联分析、灰熵理论、灰色预测模型的路面图像去噪、滤波、增强及边缘检测新算法。Medina 等[67]利用一种自动检查系统来检测道路是否存在裂缝,使用捕获投影激光线的方式获得裂缝的三维轮廓、几何信息和视觉特征,同时利用 AdaBoost 算法对路面裂缝病害图像进行分类,该算法时间短、效果好。

虽然路面裂缝的识别算法越来越多,但是存在很多共性问题。不同的裂缝病害图像具有不同的特征,每一种算法都针对特定的某种特征进行分析,往往导致裂缝病害图像提取得不够全面;已有的图像融合方法都是基于多源图像进行的,不适合单一的路面图像;对于所有类型的裂缝病害图像,很难仅使用某一种算法进行识别提取,这也是为什么至今还没有通用的路面裂缝病害图像提取算法。

1.2.4 路面裂缝病害图像的分类和评估

神经网络和深度学习为图像的分类和识别提供了最佳的解决方案。在神经网络中,人工神经元构成了必不可少的计算单元,相互之间的连通性用来描述网络工作过程,多层非线性处理单元用来裂缝特征变换和提取。

CNN 模型在当前深度学习研究领域中最具代表性,该网络在图像处理领域优势显著。例如,Simonyan 等[68]提出的视觉几何组(visual geometry group,VGG)CNN 结构,这种结构利用了很小的卷积核,但是卷积深度可达 16~19 层;Girshick 等[69]提出了 Fast RCNN,该网络可以快速获得需要的结果;He 等[24]和 Sun 等[70]提出了 Mask RCNN,该网络可以进行目标分割,同时利用一个多余的分支来预测目标。

利用人工蜂群(artificial bee colony,ABC)算法与人工神经网络(artificial neural network,ANN)算法对路面病害进行检测与分类成为近些年研究的热点。利用深度卷积神经网络(deep convolutional neural networks,DCNN)与朴素贝叶斯数据融合方法[71-73],对裂缝病害图像进行分类检测,检测精度较高。利用基于语义分割的 DCNN,可检测并估算路面裂缝的长度;基于广义回归神经网络(general regression neural network,GRNN)的路面裂缝检测算法[74,75]准确率较高,优于传统的 Canny 算子和 Sobel 算子。

与传统的边缘检测算法相比,基于 CNN 和边缘检测的混合识别算法取得了较好的效果[76,77]。基于 CNN 框架的裂缝轮廓网络,通过卷积特征融合和像素级分类自动处理结构式裂缝[78]。限于混凝土的路面背景材料,裂缝与背景的对比度高于沥青路面的对比度,因此该方法对沥青路面裂缝的识别效果较差。CNN 能够自动识别路面裂缝,与其他传统检测算法相比,其精度高、更稳健,但仅能识别出纵向裂缝,难以适应龟裂、块状裂缝等形状复杂的裂缝[79,80]。CrackNet 模型用于沥青路面图像中裂缝的自动检测[81],该模型具备像素级路面裂缝检测,但没有对裂缝的类别进行细分。

虽然采用传统算法可以实现路面裂缝的检测识别,但是其中出现了图像预处理烦琐、适用性不强的问题,而这些问题在 CNN 被引入后得到了较好的解决。欧阳林澍[82]将 CNN 应用于裂缝检测识别领域,可以自动学习路面裂缝病害图像的像素特征,并且对裂缝病害图像具有较大的感知域,可以利用裂缝像素周围的相关信息,达到较高的裂缝识别率。Zou 等[83]提出了结合多尺度信息的 DCNN 对裂缝进行分割,在 SegNet 结构的基础上构建了 DeepCrack 网络,并将编码器-解码器网络中产生的卷积特征以相同的尺寸成对融合。实验结果表明,在三个公共数据集上该模型的 F1 分数平均达到 87%,对于背景复杂的裂缝,分割效果也较好。Liu 等[84]使用两个深度网络模型对路面裂缝进行识别:第一步,使用改进后的 YOLOv3 网络开发了一种自动路面裂缝检测算法;第二步采用改进的 U-Net 对路面裂缝进行分割。该方法将路面裂缝检测和分割网络结合在一起,提高了路面裂缝的识别精度。Cha 等[75]提出了基于深度学习的道路路面裂缝检测,并且已经在检测道路裂缝方面取得了良好的效果。

深度学习技术将对路面损伤图像识别技术产生重大影响[85]。目前,DCNN 和 CNN 是图像识别领域的主要深度学习工具[86-88]。与相邻层完全连接的深度前馈网络相比,CNN 更容易训练和推广,正则化图卷积神经网络(regularized graph convolutional neural networks,RGCNN)技术可以大大提高目标检测(定位)的精度。人工智能技术将对现有的裂缝自动检测技术的研究产生重大影响,有望解决裂缝自动提取的问题。深度学习已成为研究图像中裂缝分类和识别方法的一个新趋势[89,90]。

由于每种研究采用的图像数据类型不同,DCNN 的处理也不同,模型结构设计、数据标签制定、原始数据分割及样本训练等都影响着图像分类的速度和精度。针对特定的数据集,还需要对分类和评价算法进行深入研究。

1.3 本章小结

本章主要介绍了本书的研究背景及意义,对深度学习中的图像分类网络、图像语义分割网络的研究现状进行分析。对已有的路面裂缝检测的相关算法,如图像增强算法、图像分割算法、基于聚类的检测算法等进行分析,对比其优缺点。对路面裂缝病害图像的分类和评估方法的现状进行分析。通过对上述相关方法和算法进行分析,本书将基于深度学习的方法,对裂缝图像的特征进行研究,通过改进相关深度学习模型,提高裂缝的识别和提取精度。

第 2 章 深度学习

2.1 深度学习概述

深度学习是机器学习领域的研究热点,是一种通过学习浅层特征来获取更深层特征进行分析和学习的神经网络。该神经网络通过较少的特征来研究更多的隐藏特征的特征,具有多个隐藏层的网络往往表现出出色的学习能力,对学习到的特征具有更实质性的描述,可以极大地提升可视化或分类的速度和精度。使用逐层初始化可以有效克服学习过程中的困难。

相比传统的浅层学习,深度学习有两点不同:首先,强调模型构架的深度,一般有 5 层以上的隐藏层节点;其次,明确强调特征学习的重要性,经过逐层变换,原始样本的特征在一个新特征样本中显示出来,使分类与预测更加容易,并且比人工规则构造的特征具有更丰富的内在信息。

深度学习的思想就是在神经网络中堆叠多个隐藏层,并将上一层的输出用作下一层的输入,经过这种输入方式,输入信息将被分层表示。

2.2 深度学习网络结构

深度神经网络思想依赖生物的神经系统,因此可以把神经元作为深度神经网络模型的基础。深度神经网络可以处理多行图像数据,具有较高的容错能力和学习能力,还可以处理复杂的非线性关系[91],这些优点使得深度神经网络在短时间内占据了深度学习主导地位。

2.2.1 单层神经网络

每个神经元包含 x 个输入项,每个输入项对应一个权重值 w,在每个对应的神经元模型中,将输入值和权重值相乘然后相加,将得出结果和偏值作差后放入激活函数中,最终由激活函数输出,其输出结果通常为二进制,抑制为 0,激活为 1。通用神经元模型如图 2.1 所示。

构建的神经元模型的基本公式为

$$\begin{cases} v = \sum_{i=1}^{m} x_i w_i + b \\ y = \varphi(v) \end{cases} \quad (2.1)$$

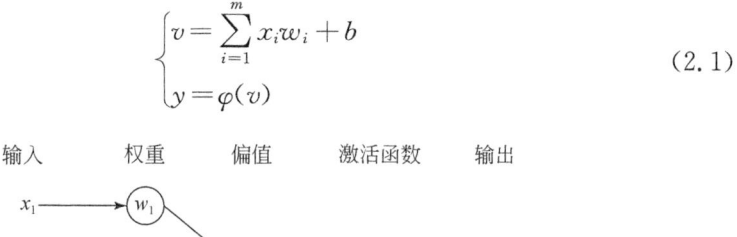

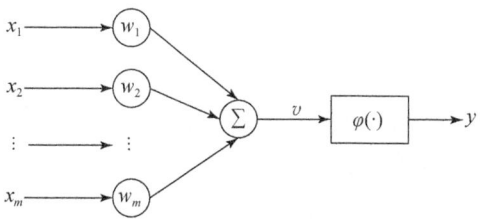

图 2.1 通用神经元模型

神经网络中常用的激活函数有 tanh 函数、sigmoid 函数及修正线性单元 (rectified linear unit, ReLU),上述函数对应的表达式为

$$\begin{cases} \tanh(x) = \dfrac{1}{1+e^{-x}} \\ \text{sigmoid}(x) = \dfrac{e^x - e^{-x}}{e^x + e^{-x}} \\ \text{ReLU}(x) = \max(0, x) \end{cases} \quad (2.2)$$

单层神经网络模型有输入层、隐藏层和输出层。输入层主要是将信号传递到隐藏层,隐藏层由激活函数构成,输出层通常是简单的线性函数。相比于神经元模型,单层神经网络模型是多向输出,而神经元模型是单向输出。其网络模型如图 2.2 所示。

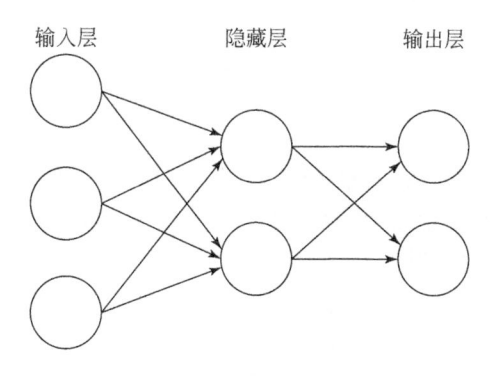

图 2.2 单层神经网络模型

单层神经网络模型的数学表达式为

$$\begin{cases} h^{(1)} = \varphi^{(1)} \left(\sum_{i=1}^{m} x_i w_i^{(1)} + b^{(1)} \right) \\ y = \varphi^{(2)} \left(\sum_{j=1}^{n} h_j^{(1)} w_j^{(2)} + b^{(2)} \right) \end{cases} \quad (2.3)$$

式中,$x \in \mathbb{R}^m$,为输入;$h \in \mathbb{R}^n$,为隐藏层输出;$y \in \mathbb{R}^k$,为输出;$w^{(1)} \in \mathbb{R}^{m \times n}$ 与 $b^{(1)} \in \mathbb{R}^n$ 分别为输入层到隐藏层的权值连接矩阵和偏值;$w^{(2)} \in \mathbb{R}^{n \times k}$ 与 $b^{(2)} \in \mathbb{R}^k$ 分别为隐藏层到输出层的权值连接矩阵和偏值;$\varphi^{(1)}$ 与 $\varphi^{(2)}$ 分别为对应的激活函数。

在实际应用中,设训练数据集为

$$\begin{cases} \{x^{(n)}, y^{(n)}\}_{n=1}^{N} \\ x^{(n)} \in \mathbb{R}^m \\ v^{(n)} \in \mathbb{R}^k \end{cases} \quad (2.4)$$

输入与输出之间的模型可以表达为

$$y = T(x, \theta) = \varphi^{(2)} \left[\sum_{j=1}^{n} \varphi^{(1)} \left(\sum_{i=1}^{m} x_i w_i^{(1)} + b^{(1)} \right) w_j^{(2)} + b^{(2)} \right] \quad (2.5)$$

式中,$\theta = (w^{(1)}, b^{(1)}; w^{(2)}, b^{(2)})$。再次修正目标,得到

$$\min_{\theta} L(\theta) = \frac{1}{N} \sum_{n=1}^{N} \| y^n - T(x^{(n)}; \theta) \|_F^2 + \lambda \sum_{l=1}^{2} \| w^{(l)} \|_F^2 \quad (2.6)$$

利用梯度下降法求解参数 θ,表达式为

$$\begin{cases} \theta^k = \theta^{k-1} - \alpha \nabla \theta |_{\theta = \theta^{k-1}} \\ \nabla \theta |_{\theta = \theta^{k-1}} = \frac{\partial L(\theta)}{\partial \theta} \Big|_{\theta = \theta^{k-1}} \end{cases} \quad (2.7)$$

随着迭代次数 k 的增加,可以使用目标函数 $L(\theta_k)$ 来间接进行可视化显示,得到

$$\lim_{k \to \infty} \theta^k = \theta^* \quad (2.8)$$

2.2.2 多层神经网络

当一个单层神经网络的隐藏层不少于 2 层时,就可以理解为多层神经网络模型,其网络结构具有多个隐藏层、全连接层。但是,这种网络结构中也只有输入层、隐藏层和输出层,其结构如图 2.3 所示。

由图 2.3 得到多层神经网络输入与输出之间的模型,输入 $x \in \mathbb{R}^m$,输出 $y \in \mathbb{R}^s$,中间去除输入层 $h(0)$ 与输出层 $h(L)$,隐藏层共为 $L-1$ 层,其中对应的层数、隐藏层单元个数、隐藏层的输出与激活函数分别如式(2.9)和式(2.10)所示。

第2章 深度学习

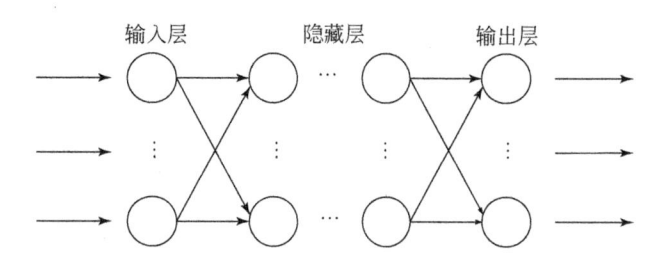

图 2.3 多层神经网络模型

$$\begin{cases} h^{(l)} = \varphi^{(l)}\left(\sum_{i=1}^{n_{l-1}} h_i^{(l-1)} w_i^{(l)} + b^{(l)}\right) \\ l = 1, 2, \cdots, L \\ h^{(0)} = x \\ h^{(L)} = y \end{cases} \quad (2.9)$$

$$\begin{cases} L+1 \to \text{层数(含输入与输出)} \\ [n_0, n_1, n_2, \cdots, n_{L-1}, n_L] \to \text{各层的维数} \\ [\varphi^{(1)}, \varphi^{(2)}, \cdots, \varphi^{(L-1)}, \varphi^{(L)}] \to \text{激活函数} \end{cases} \quad (2.10)$$

式中，$n_0 = m$；$n_L = s$。待学习的参数为

$$\begin{cases} \theta = (\theta_1, \theta_2, \cdots, \theta_L) \\ \theta_l = (w^{(l)} \in \mathbb{R}^{n_{l-1} \times n_l}, b^{(l)} \in \mathbb{R}^{n_l}) \\ l = 1, 2, \cdots, L \end{cases} \quad (2.11)$$

输入与输出之间的关系为

$$\begin{aligned} y &= h^{(L)} \\ &= \varphi^{(L)}\left(\sum_{i_L=1}^{n_L} h_{i_L}^{(L-1)} w_{i_L}^{(L)} + b^{(L)}\right) \\ &= \varphi^{(L)}\left[\sum_{i_L=1}^{n_L} \varphi^{(L-1)}\left(\sum_{i_{L-1}=1}^{n_{L-1}} h_{i_{L-1}}^{(L-2)} w_{i_{L-1}}^{(L-1)} + b^{(L-1)}\right) w_{i_L}^{(L)} + b^{(L)}\right] \\ &= \varphi^{(L)}\left[\varphi^{(L-1)}\left(\varphi^{(1)}(x, \theta_1), \varphi^{(2)}(x, \theta_2), \cdots, \varphi^{(L-1)}(x, \theta_{L-1})\right), \theta_L\right] \end{aligned} \quad (2.12)$$

在实际应用过程中，设训练数据集为

$$\begin{cases} \{x^{(n)}, y^{(n)}\}_{n=1}^{N} \\ x^{(n)} \in \mathbb{R}^m \\ y^{(n)} \in \mathbb{R}^s \end{cases} \quad (2.13)$$

损失项和正则项构成的目标函数为

$$\min_{\theta} J(\theta) = L(\theta) + \lambda R(\theta) \tag{2.14}$$

式中，$\hat{y}_n = f(x_n, \theta)$。其他函数为

$$\begin{cases} l(y_n, \hat{y}_n) = \|y_n - \hat{y}_n\|_F^2 \\ L(\theta) = \dfrac{1}{N} \sum_{n=1}^{N} l(y_n, \hat{y}_n) \\ R(\theta) = \sum_{l=1}^{L} \|\theta_l\|_F^2 = \sum_{l=1}^{L} \|w^{(L)}\|_F^2 \end{cases} \tag{2.15}$$

2.2.3 常见的CNN

CNN最开始用于解决图像处理方面的问题，下面对已知的典型CNN模型进行分析[92]。

1. LeNet(LeNet-5,5层)

LeNet模型是CNN最早的典型模型之一，由Yann LeCun为了解决手写数字识别而提出。图2.4为常见的LeNet模型框架，其中卷积层、池化层和全连接层都当作今后CNN的基本组成部分。

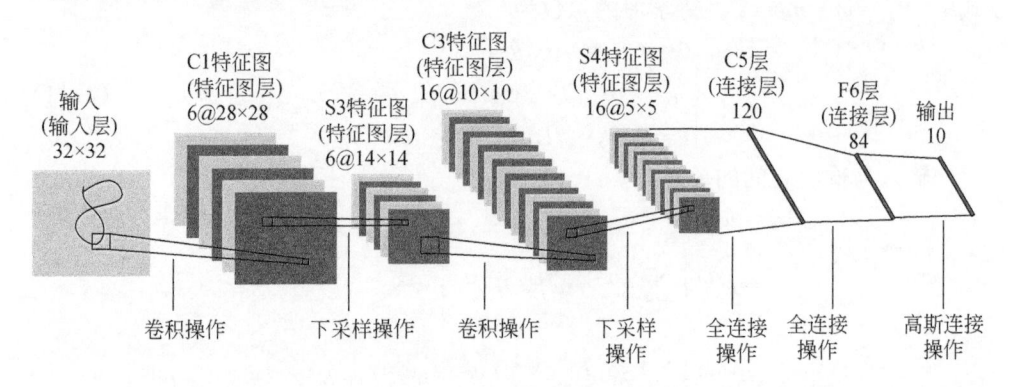

图2.4 LeNet模型框架

输入图像大小为32×32，该网络模型有2个卷积层、2个下采样层、2个全连接层；输出为10个类别（数字0~9的概率）。其中，C1、C3、C5均为卷积层，卷积滤波器为5×5，利用卷积核在二维平面上平移，卷积核中每个元素先乘以卷积图像位置的相应元素再相加。通过卷积核的不断平移，以及各个位置数值的乘积再求和获得一个新图像。二维卷积在图像中的效果是：对图像中每个像素的邻域（邻域大小就是卷积核的大小）加权求和得到该像素点的输出值。卷积运算过程如图2.5所示。

图像　　　　　　　卷积特征

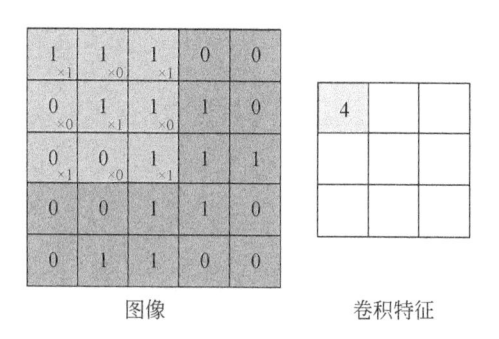

图 2.5　卷积运算过程

卷积运算的一个重要作用是,可以在避免原信号噪声的同时对其特征进行增强。

2. AlexNet

AlexNet 模型是 LeNet 模型的进一步优化,把 Dropout、局部响应归一化和重叠化、数据扩张等方法应用其中,结合图形处理单元(graphics processing unit, GPU)进行加速计算,证明了 CNN 在复杂模型下的有效性,推动了有监督深度学习的发展。AlexNet 模型框架如图 2.6 所示。

如果仅统计 AlexNet 中卷积层和全连接层的个数,那么该网络属于 8 层网络结构,前 5 层属于卷积层,后 3 层属于全连接层。

2.3　深度学习训练过程

在深度学习的网络训练过程中,难点之一是非凸代价函数特别容易造成局部最优解。如果同时对各个层次开始训练,那么计算的复杂度会明显提高;如果每次只训练一层,那么误差反传播机制会导致输入和输出数据之间出现欠拟合现象。深度学习网络在进行参数调整时,主要采用监督学习和非监督学习两种过程[93]。

2.3.1　监督学习

监督学习把标签建立在每一组训练数据中,在建立预测模型的同时,使用监督式学习完成学习过程,对比预测结果和训练结果,不断对预测模型进行调整,直到预测模型达到一个较为标准的准确率,如图 2.7 所示。监督学习中数据的分类实质是利用特征和标签的关系,当输入有特征而无标签的未知数据时,可以据此来判断输入数据的类别。

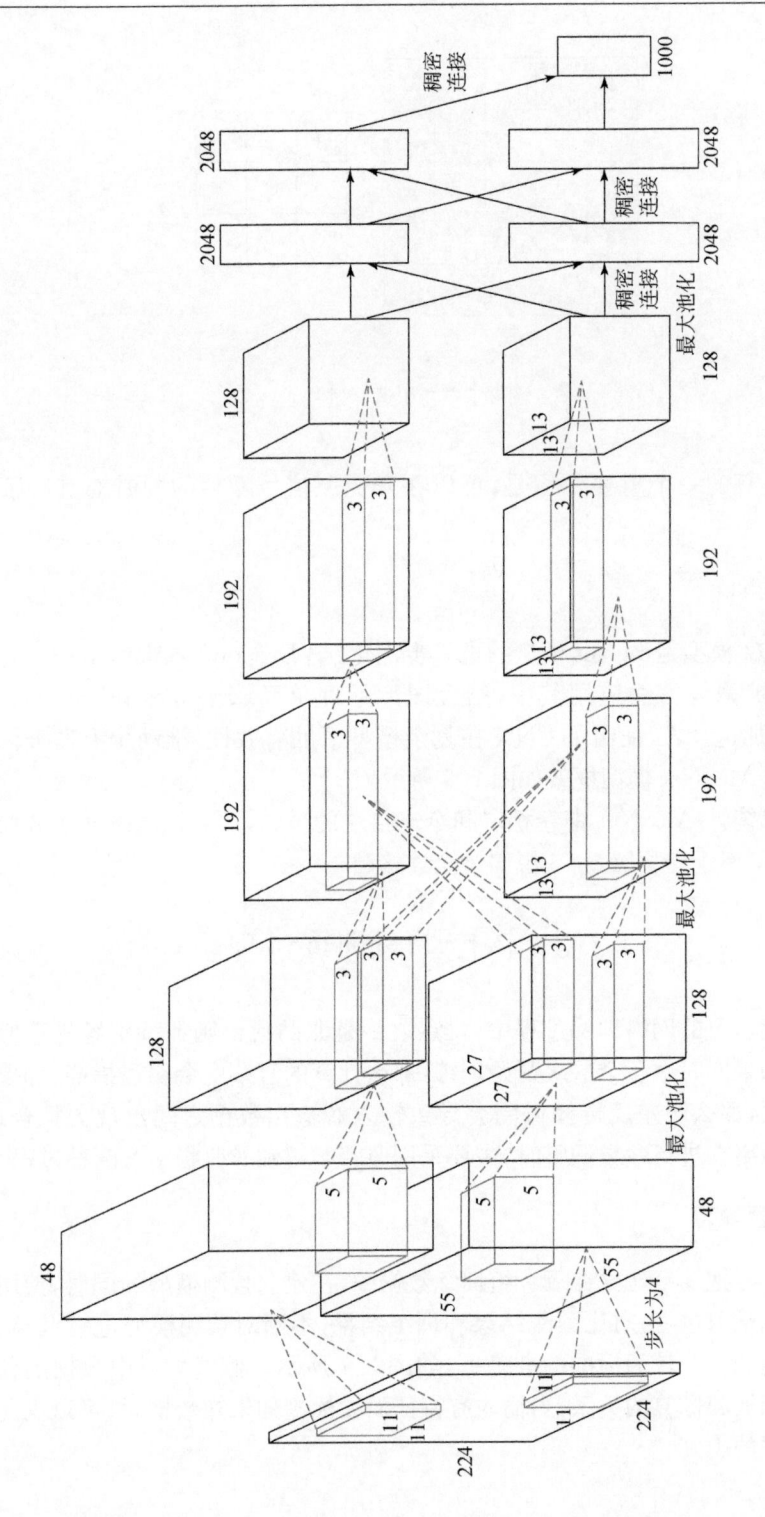

图2.6 AlexNet模型框架

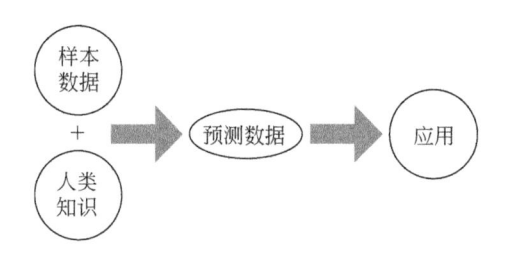

图 2.7　监督学习

监督学习首先获取每一层的参数,然后利用带有标签的数据参加训练,最后按照上下采样来传递误差参数,并且微调各层参数。

2.3.2　非监督学习

非监督学习时,训练数据中不存在任何标签,数据训练时将先前学习的输出作为下一层训练的输入,以此类推,训练一个智能算法,将所有数据与几个不同的标签进行自动匹配,如图 2.8 所示。相比于监督学习,非监督学习约束后的数据比整理样本数据中的标签更容易,需要人工参与的内容更少,歧义性也较低。

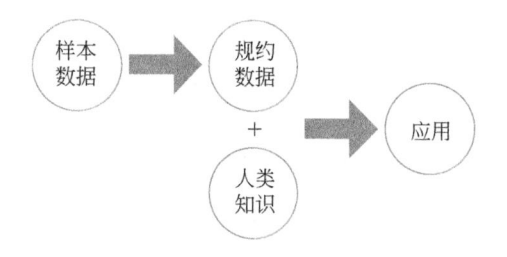

图 2.8　非监督学习

在非监督学习过程中,先按照每层构建单层神经元,在全部层训练完成后,把最顶层的权重设置为单向,其他层变为双向,向上为认知权重,向下为生成权重。在调整每一层的权重参数时,利用 Wake-Sleep 算法,为了使顶层的数据能够恢复最底层的数据,认知权重必须等于生成的权重。

1. Wake 阶段

Wake 阶段采用自下而上的生成过程,使用底层的输入特征和向上的认知权重创建每个级别的抽象表示,使用当前的生成权重来生成新的信息,计算输入对象和重建信息残差,利用梯度下降法修改层间的向下认知权重,也就是若想象和现实有很大差别,则改变权重使得想象更接近现实。

2. Sleep 阶段

Sleep 阶段采用自上而下的生成过程,通过上下各层生成的权重来生成较低层,利用认知权重生成抽象场景。利用梯度下降法更改各层之间的向上认知权重,即若梦中的场景不是我脑海中的概念,则更改权重使梦中的场景与该概念无限接近。

2.4 CNN

CNN 是一种高效识别方法。Hubel 和 Wiesel 提出了 CNN,Fukushima 提出实现 CNN,自此,越来越多的学者开始研究 CNN[94]。随着 AlexNet 表现出卓越的性能,CNN 的应用越来越广泛,如语音识别、图像识别、文本识别等。

2.4.1 CNN 基本结构

深度学习作为机器学习的一个发展分支,目的是学习样本数据,挖掘其内在的数据规律,最终获得分析图像、声音及影像等数据的能力。作为一门新技术,其在机器学习的诸多算法中具有巨大优势,尤其是在语音和图像识别方面。

CNN[95]作为深度学习中模式分析法的一种,具有较长时间的发展历史。CNN 原型源于 Neocognitron 模型。作为最早的深度学习算法,Neocognitron 模型中的简单层和复杂层被认为是 CNN 中卷积层和池化层的前身,该算法在一定程度上推动了 CNN 的诞生。CNN 定义为具有深度卷积计算能力的多层神经分类网络,其具有以下两个特点:

(1)局部感知[96],即 CNN 对图像中的局部特征进行感知,对获取到的局部特征进行聚合,得到所有的特征像素。相较于感知图像中的所有像素信息,局部感知能在大量样本的学习过程中高效、准确地提取特征。

(2)权重共享[97],即在 CNN 的训练阶段,通过网络中的过滤器扫描所有的特征并赋予同样的权重。通过所有权重数据的共享实现特征检测的一致性。

CNN 一般由输入模块、卷积模块、池化模块、全连接模块、输出模块五部分组成,即输入层、卷积层、池化层、全连接层、输出层五部分,其结构如图 2.9 所示。

2.4.2 卷积层

卷积层[98]在 CNN 中的作用是对输入数据进行特征提取,由多个或单个卷积核组成,通过反向传播获取每个卷积核的最佳参数。对输入信息进行卷积操作,卷

图 2.9 CNN 结构

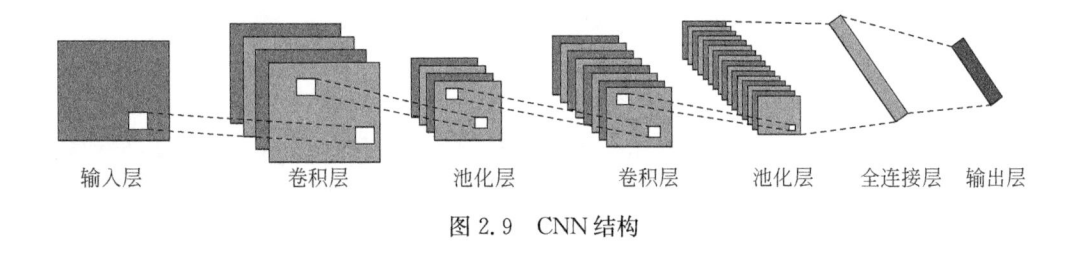

积层可将处理后的特征输出并进行堆集处理,进而得到完整的特征矩阵。

卷积层的计算公式为

$$O = \frac{W - K + 2P}{S} + 1 \tag{2.16}$$

式中,$W \times W$ 为输入图片大小;$K \times K$ 为卷积核大小;S 为步长;P 为填充的像素数;O 为卷积层输出的特征图大小。

卷积层通过卷积核对输入图像从左到右、从上到下按照不同的步长进行逐行逐列扫描,提取输入图像不同位置的特征,体现了权重共享的特性,有利于降低网络的复杂度。同时,由于输入图像大小远大于卷积核大小,所以卷积核只需扫描局部特征,进而将局部特征进行整合以得到完整的特征图,这也体现了局部感知的特性,进一步优化了网络效率。以一个 4×4 的输入矩阵、2×2 的卷积核为例,其运算原理如图 2.10 所示,图中 $A_{1\sim4}$、$B_{1\sim4}$、$C_{1\sim4}$、$D_{1\sim4}$ 为输入图像的像素;a、b、c、d 为卷积核的像素;X、Y、M、N 为特征图的像素。

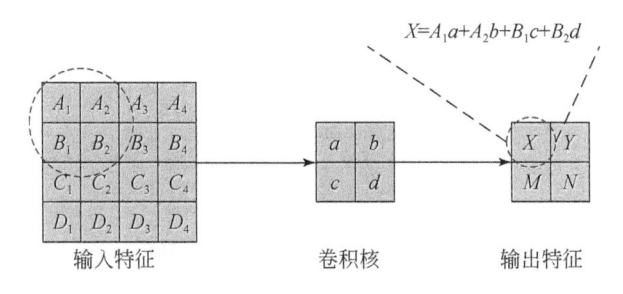

图 2.10 卷积层运算原理

卷积层充当 CNN 中的最重要部分,主要是提取输入数据的特征,减少权值参数的数量。卷积指是卷积核根据步长来计算上一个输入层,卷积核中的每个参数都类似于传统神经网络的权值参数,其将相应的局部像素进行连接。每个卷积核都乘以相应的局部像素值再相加,得到卷积层的结果。

卷积核(也称为滤波器)实质是卷积层的神经元进行加权输出,输入图像是固定大小的。网络训练学习获得的卷积核的参数包括横纵边缘特征、任意方位的边缘特征等，同时一个 CNN 中包含多种类型滤波器。

1. 垂直边缘检测和水平边缘检测

为了获取图像中的物体，利用垂直边缘检测和水平边缘检测得到物体的整体轮廓。图 2.11 给出了一个 6×6 大小的图像，利用 3×3 滤波器进行卷积计算，图中以垂直边缘检测为例进行 3×3 的取值，最后得到一个 4×4 大小的图像，这个 4×4 矩阵的第一个数值由原始图像矩阵左上角的一个 3×3 矩阵与滤波器中每个数值对应相乘，再把所有的值相加得到，各个位置数值的求法以此类推，滤波器在原始图像上依次滑动得到新的 4×4 矩阵。

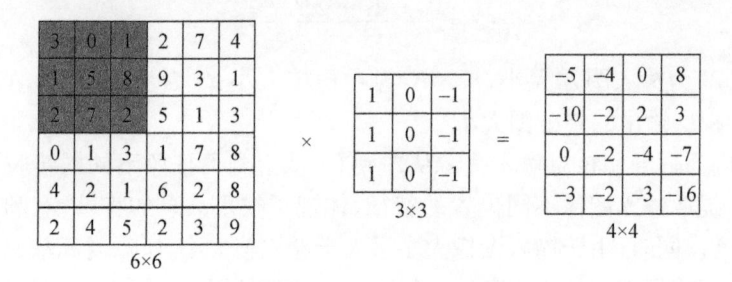

图 2.11 卷积计算过程

图 2.12 给出了图像处理中普遍使用的垂直滤波器和水平滤波器。

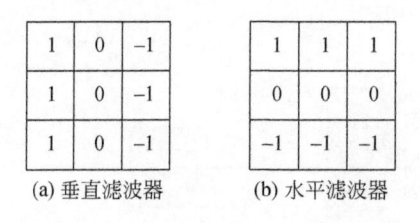

(a) 垂直滤波器　　(b) 水平滤波器

图 2.12 垂直滤波器和水平滤波器

2. padding

对一个 6×6 的图像进行卷积，可获得一个 4×4 图像，计算方法为 (6-3+1)×(6-3+1)=4×4，然而这样的计算方法还存在缺陷，即会导致图像压缩，使图像很难获取完整的边缘信息。padding 则弥补了这一缺陷，它在进行卷积之前，把要卷积图像的边缘用 0 全部填充，可以确保卷积过程中含有边缘像素。若 padding=1，则填充宽度为 1，这样可以在保证图像大小不变的同时获得完整的边缘信息，如

图 2.13 所示。

0	0	0	0	0	0	0	0
0	3	0	1	2	7	4	0
0	1	5	8	9	3	1	0
0	2	7	2	5	1	3	0
0	0	1	3	1	7	8	0
0	4	2	1	6	2	8	0
0	2	4	5	2	3	9	0
0	0	0	0	0	0	0	0

图 2.13 padding=1 时对 6×6 图像进行填充

padding 包含 same 和 valid 两种类型。其中，same 卷积是指填充后卷积得到的图像大小和原始图像大小完全相同；valid 卷积不进行填充，即 padding=0。例如，原始图像大小为 $n \times n$，滤波器大小为 $b \times b$，经过卷积得到的图像大小为 $(n-b+1) \times (n-b+1)$，若输出图像保持原始图像大小，即填充 c 后 $n \times n = (n+2c-b+1) \times (n+2c-b+1)$，$n=(n+2c-b+1)$，$c=(b-1)/2$，通常 b 为奇数，则滤波器不仅有中心像素点，而且能对称填充。

3. 步长

通常用 s 表示卷积过程中的步长，其代表输入图像上滤波器的移动距离。如图 2.14 所示，原始图像大小为 7×7，使用 3×3 的滤波器进行卷积，步长 $s=2$，得到一个 3×3 的图像。

令原始图像大小为 $n \times n$，滤波器为 $b \times b$，步长为 s，padding 为 c，计算得出的输出图像大小为

$$\left\lfloor \left(\frac{n+2c-b}{s} + 1 \right) \right\rfloor \times \left\lfloor \left(\frac{n+2c-b}{s} + 1 \right) \right\rfloor \tag{2.17}$$

式中，$\lfloor \ \rfloor$ 表示向下取整。

4. 多通道卷积

以上实例中都是利用灰度图像进行卷积的，而大部分的数据则属于 3 通道图像，即 RGB(red,green,blue)图像。RGB 图像需要有 3 层滤波器分别对应 R、G、B 通道，图像大小应为 $n \times n \times 3$，滤波器为 $b \times b \times 3$，所以输出图像大小为 $(n-b+1) \times$

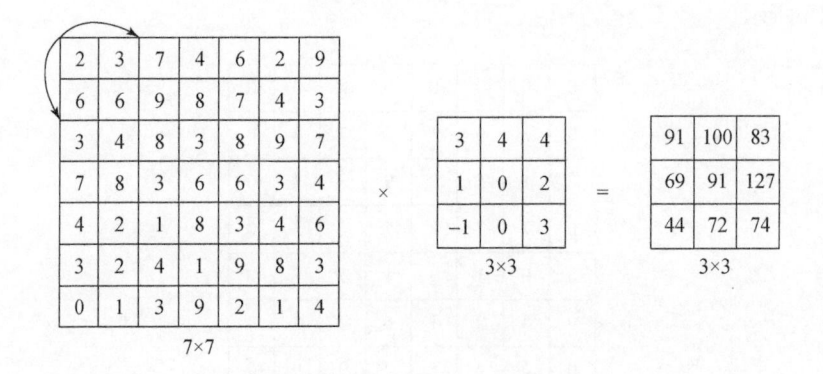

图2.14 步长为2的卷积计算

$(n-b+1)\times 3$。如图2.15所示,输入一个大小为$6\times 6\times 3$的原始图像,与一个$3\times 3\times 3$的滤波器进行卷积,输出一个大小为4×4的图像。

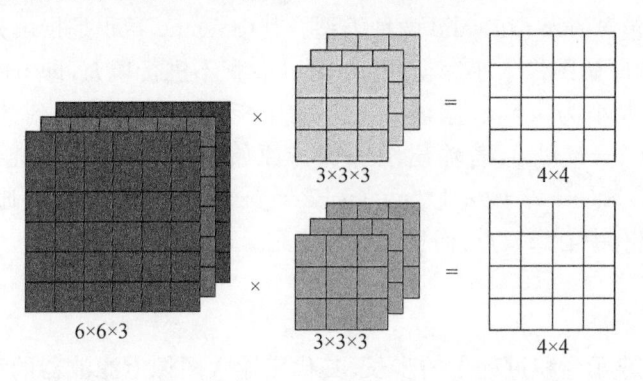

图2.15 多通道卷积

2.4.3 池化层

因为在更深层次的神经网络中仍然存在巨大的权值数量,所以在卷积层之后需要添加池化层。池化层在压缩输入图像特征时还会使网络计算变得简单,池化层在降低输入图像维度时可以避免产生过拟合现象。

池化层与卷积层的不同之处在于,池化层会降低网络的分辨率,实际上就是一个下采样的过程,用于压缩数据和参数的量,提升模型的尺度不变性、旋转不变性,减少过拟合的情况[99]。池化的基本原理是将输入特征分成若干大小均等的子区域,按照从左到右、从上到下的顺序计算区域内的最大值或平均值,按照相对应的顺序排列组合为输出特征图。池化层创建特征图时一般采用局部平均值或最大值的方法,因此池化分为平均池化和最大池化。在使用池化层时,只需确定池化类型、池化中滤波器大小等超参数。

1. 平均池化

平均池化即对邻域内的特征点求平均值,采用平均池化能很好地保留纹理特征,但是可能会造成输出图像模糊,因此目前一般不采用平均池化,只有在部分极端的情况下才会考虑采用平均池化。以一个 4×4 的输入矩阵、2×2 的卷积核为例,平均池化原理如图 2.16 所示。

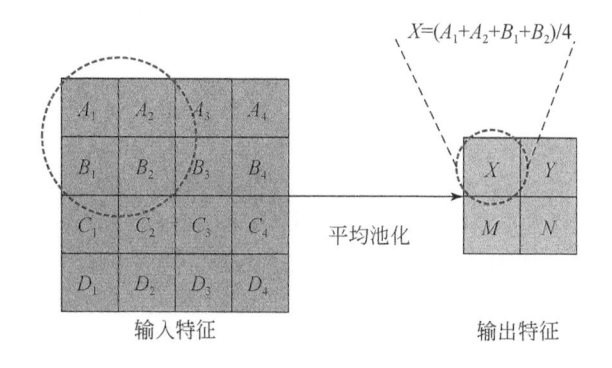

图 2.16 平均池化原理

根据图 2.16 进行实例化,如图 2.17 所示,一个 2×2 的滤波器以步长为 2 在一个 4×4 大小的图像上进行滑动,滑动过程中获取每个区域内的平均值。平均池化结果比原始图像更模糊。

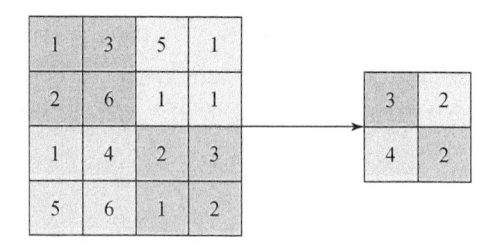

图 2.17 平均池化实例

2. 最大池化

最大池化是目前主流的池化方式,在网络需要减少无用信息时,一般会采用最大池化,如网络的前几层,因为开始几层的特征包含较多的无关信息,会干扰特征信息的提取。同时,最大池化在降低特征维度的同时能更好地提取特征。以一个 4×4 的输入矩阵、2×2 的卷积核为例,其运算原理如图 2.18 所示。

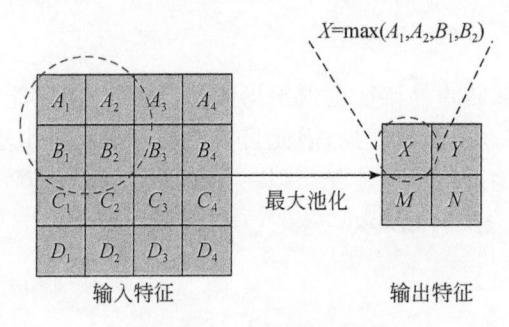

图 2.18　最大池化原理

最大池化可获取滑动窗口内的局部最大值,如图 2.19 所示,一个 2×2 的滤波器以步长 2 在一个 4×4 大小的图像上进行滑动,将原始图像分为 4 部分,然后取各个部分的最大值。利用最大池化得到的图像保留了每个区域最显著的特征。

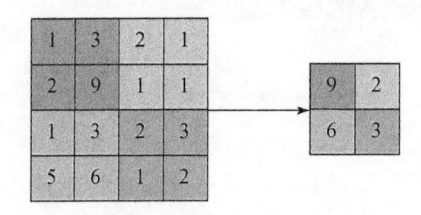

图 2.19　最大池化实例

从以上实例可以看出,池化的结果是缩小了原始图像。在操作过程中,不需要与原始图像进行对比,获得图像的特征即可。利用图像压缩的思路对图像进行卷积,再利用池化操作调整图像大小。池化层的加入缩小了网络模型,使计算速度得到巨大提升。

2.4.4　全连接层

全连接层[100]的主要作用是将 CNN 提取的特征进行整合,从而达到目标识别的目的。在全连接层之前,网络针对目标的卷积池化操作只提取了局部特征,单靠局部特征无法达成对目标的识别,此时需要全连接层来整合零碎的特征,利用完整的特征进行目标识别。

全连接层通常放在 CNN 的最后,承担着 CNN 中分类器的作用,将数据映射在标记空间的同时还要整合学习到的特征。卷积层和池化层在网络中对图像的特征进行学习整合后,全连接层在网络末端创建非线性组合,最终用于预测。

全连接层使用的权重矩阵是唯一的,因此任意特征输入都必须保持大小固定,网络输入的原始图像大小必须唯一,才能确保传输到全连接层的特征尺寸和权重矩阵匹配。

2.4.5 激活函数

激活函数[101]作为深度学习网络中上层网络和下层网络的一种函数关系,对网络模型的特征传递起着至关重要的作用。在人工神经网络神经元中使用的函数即激活函数,其目的是将神经元的输入与输出进行比较。该函数主要用于增加非线性神经网络的模型。非线性的激活函数可以构建上层网络和下层网络中的非线性映射,解决 CNN 处理特征差的问题。同时,线性映射也可以使不同的特征空间进行转换,使网络的特征提取更加真实。下面给出目前主流的激活函数。

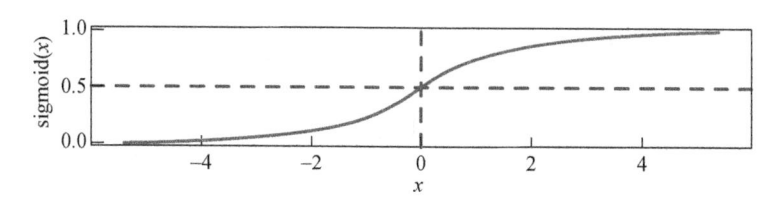

1. sigmoid 函数

sigmoid 函数是一种普遍使用的非线性激活函数,该函数可以将 $(-\infty,\infty)$ 的数映射到 $(0,1)$。sigmoid 函数作为一种 S 形激活函数,其非线性特征十分适合 CNN,取值范围为 0~1,曲线呈中心对称,在两端曲线收敛导致该网络容易出现梯度消失的情况下,模型泛化能力差。其表达式为

$$\text{sigmod}(x) = \frac{1}{1+e^{-x}} \tag{2.18}$$

对式(2.18)求导可得

$$\text{sigmod}'(x) = \frac{e^{-x}}{(1+e^{-x})^2} \tag{2.19}$$

sigmoid 函数图像如图 2.20 所示。

图 2.20 sigmoid 函数图像

2. tanh 函数

tanh 函数的特征和 sigmoid 函数十分相似,不同的是其取值范围为 -1~1,而

且当输入较大或较小时,其输出结果会接近函数图像两侧,导致其收敛快于 sigmoid 函数,不利于权值更新。tanh 函数的表达式为

$$\tanh(x) = \frac{e^x - e^{-x}}{e^x + e^{-x}} = 1 - \tanh^2(x) \tag{2.20}$$

tanh 函数图像如图 2.21 所示。

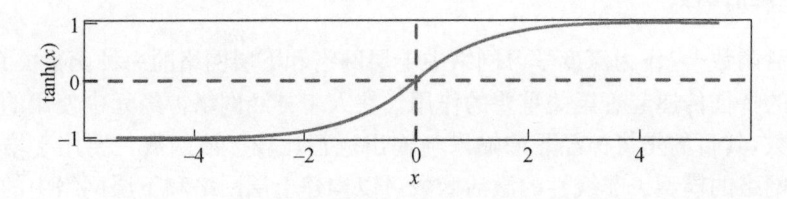

图 2.21　tanh 函数图像

由 tanh 函数与 sigmoid 函数的对比可知,tanh 函数的输出均值为 0。虽然 tanh 函数比 sigmoid 函数收敛的速度要快,但 tanh 函数仍然存在梯度消失的问题。

3. ReLU 函数

当 ReLU 函数的输入为非负数时,可以避免梯度饱和问题,收敛速度快;当输入为负数时,ReLU 函数属于非完全激活函数,ReLU 函数的输出结果为正或 0。ReLU 函数相比前两种激活函数,ReLU 函数的优点在于计算量小、计算效率高且导数为 1,可以避免梯度消失和梯度爆炸等问题。同时,ReLU 函数会使部分神经元归零,使得网络变得稀疏,降低参数之间的依赖性,减少过拟合现象的发生,ReLU 函数的表达式为

$$\text{ReLU}(x) = \max(x, 0) = \begin{cases} x, & x > 0 \\ 0, & x \leqslant 0 \end{cases} \tag{2.21}$$

ReLU 函数图像如图 2.22 所示。

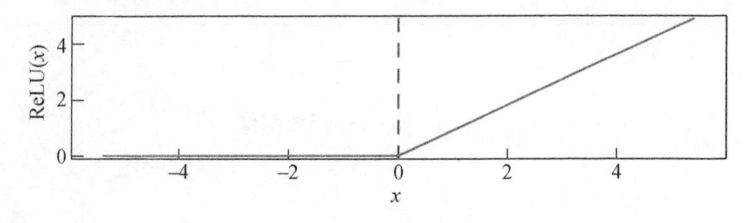

图 2.22　ReLU 函数图像

2.4.6 损失函数

损失函数[102]可以用来评价模型的预测值和真实值之间的差异,对于模型,选择正确的损失函数有助于发挥模型的性能。下面给出当前主流的损失函数。

1. 对数损失函数

在多目标分类场景下,对数损失函数能非常好地表征概率分布,其对噪声的感知能力强,逻辑回归常用的损失函数就是以 e 为底的对数损失函数,其表达式为

$$L(y,P(x|y)) = -\ln P(y|x) \tag{2.22}$$

2. 指数损失函数

指数损失函数主要应用于前向分步加法算法中,对噪声比较敏感,其表达式为

$$L(y|f(x)) = e^{-yf(x)} \tag{2.23}$$

3. 交叉熵损失函数

交叉熵损失函数本质上是一种对数似然函数,多用于二分类任务和多分类任务中,描述期望输出值和预测输出值之间的差距,损失值的大小决定了概率分布的远近,其表达式为

$$L = -\frac{1}{n}\sum_{x=1}^{n}[y\ln a + (1-y)\ln(1-a)] \tag{2.24}$$

式中,x 表示输入的样本;y 表示期望输出值;a 表示预测输出值;n 表示样本总数。

2.5 上下采样计算

除了 CNN 中不同类别网络层的内部计算,在特征提取计算过程中,还需要考虑上层网络与下层网络之间特征图谱的尺寸变化,具体分为上采样和下采样。下采样根据卷积方式的不同(普通卷积和空洞卷积)有不同的计算方式。

2.5.1 感受野

在深度学习的各个方向中,感受野是指每一层输出特征图谱上的像素点在原始图像中映射的范围。通常,特征图谱上的像素点对应于原始图像的范围。感受野可以用来判断每一层神经网络的特征提取性能,感受野越大,意味着可以接触到的原始图像范围越大,表明提取出的特征更具有全局性与高层次性;感受野越小,接触到的原始图像范围也越小,提取出的特征更具有局部性与细节性。因此,虽然

深度学习中的不同任务会要求感受野尽量大,但并不是说感受野越大越好,需要根据实际情况具体设定感受野的最佳阈值。图 2.23 为感受野示例图,图中上部分输入图像大小为 7×7,卷积核大小为 7×7,得到的输出结果大小为 1×1,表明该结果的感受野范围为 7×7;图中下部分输入图像大小同样为 7×7,卷积核大小统一采用 3×3,共经过 3 次卷积,最终得到的输出结果大小为 1×1,表明该结果在不同层网络的感受野分别为 3×3、5×5、7×7。由图 2.23 可知,在同样大小的输入图像下,7×7 卷积核进行 1 次卷积的感受野等价于 3×3 卷积核进行 3 次卷积对应的感受野。

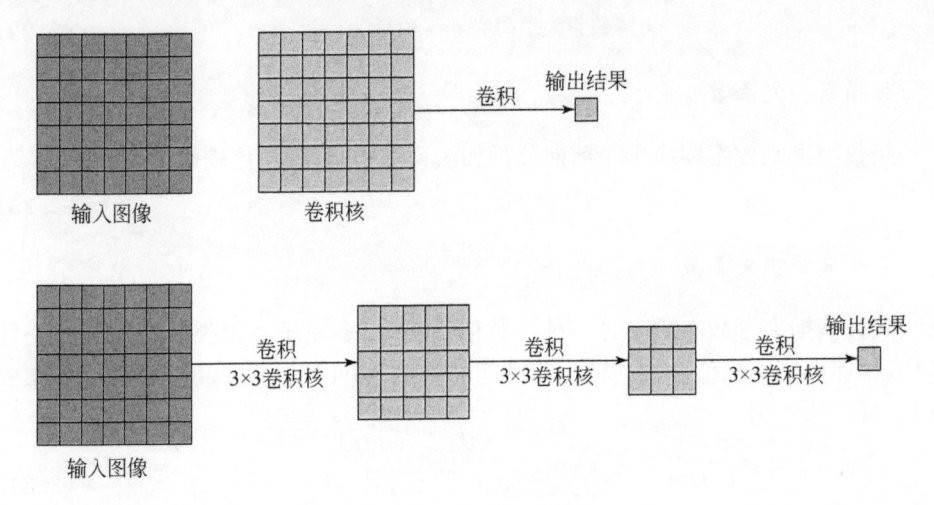

图 2.23 感受野示例图

感受野的计算方式分为两种,从前向后计算与从后向前计算。需要说明的是,无论是从前向后计算还是从后向前计算,都是根据当前网络层的感受野计算前一网络层的感受野或者后一网络层的感受野。从前向后计算公式与从后向前计算公式分别为

$$\mathrm{RF}_{i+1} = \mathrm{RF}_i + (K_{i+1} - 1)S_{i+1} \tag{2.25}$$

$$\mathrm{RF}_i = (\mathrm{RF}_{i+1} - 1)S_i + K_i \tag{2.26}$$

式中,RF_i、RF_{i+1} 分别代表上一层网络的感受野和下一层网络的感受野;K、S 分别代表对应网络层卷积核的大小和卷积步长。

2.5.2 空洞卷积

空洞卷积的提出使深度学习各个方向的性能都得到了提升。与普通卷积不同的是,空洞卷积改变了卷积核处理数据时像元的间距[103]。如图 2.24 所示,左侧为

普通卷积,右侧为空洞卷积,空洞卷积一方面在保持高空间分辨率的基础上提升了卷积运算时的感受野并降低了计算量;另一方面,空洞卷积中有一个扩张率的参数,用来控制卷积核处理数据时像元间的具体间隔,如1、2、3等(当扩张率为1时,空洞卷积等价于普通卷积),利用不同扩张率进行卷积运算可以捕获多尺度的上下文特征信息。

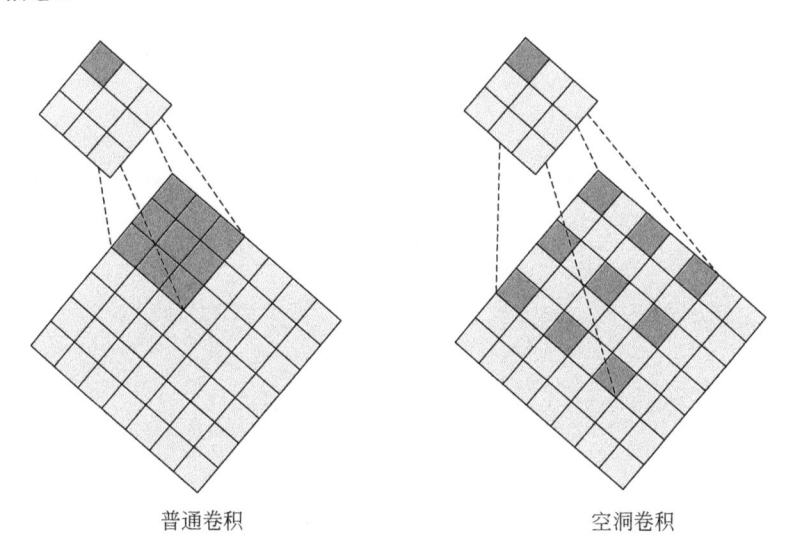

图2.24 普通卷积与空洞卷积

空洞卷积感受野的计算公式同样分为从前向后计算与从后向前计算,具体表达式为

$$\mathrm{RF}_{i+1} = \mathrm{RF}_i + (K_{i+1} - 1)S_{i+1}D_{i+1} \tag{2.27}$$

$$\mathrm{RF}_i = (\mathrm{RF}_{i+1} - 1)S_i + (K_i - 1)D_i + 1 \tag{2.28}$$

式中,D代表对应网络层扩张率。

2.5.3 上采样计算

深度学习任务中经常需要将卷积结果的特征图分辨率恢复到更高,因此上采样方法应运而生。常见的上采样方法有插值法、转置卷积方法等。

插值法中常见的有最邻近像元法、双线性插值法、双三次插值法。其中,最邻近像元法最简单,不需要计算过程,只需要将距离待求像元最近的像元值赋给待求像元,但是该方法可能会造成插值后的图像中像元值分布不均匀,存在锯齿形状。双线性插值法是一次线性插值的扩展,其核心思想是,通过对待求像元周围的四个真实像元共同计算,在由其构成的矩形的长宽两个方向上分别进行一次线性插值,

FCN 上采样使用的就是双线性插值法。双三次插值法利用三次多项式逼近理论上的最佳插值函数 $\sin x/x$,待求像元值由其周围 16 个像元值加权内插求得,该方法插值效果最好,但是计算量较大。

最邻近像元法、双线性插值法、双三次插值法之间的关系如图 2.25 所示。图中黑色像元为插值像元,其他像元为已知像元,从中可以看出,双三次插值法的运算量要远大于前两种插值法,而最邻近像元法的插值效果最差。

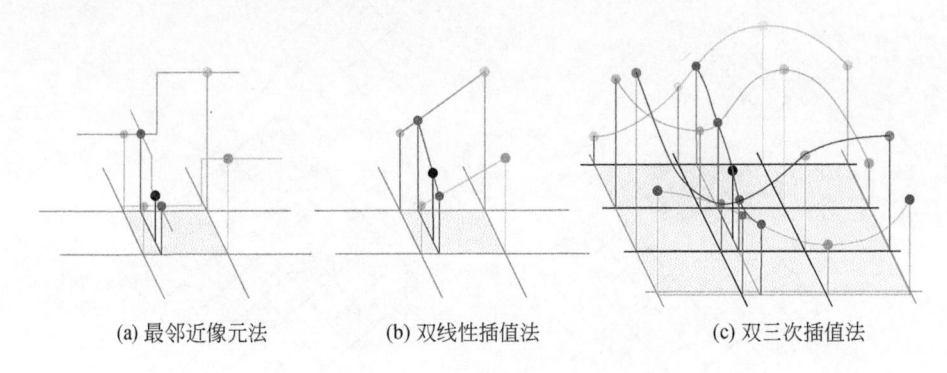

(a) 最邻近像元法　　(b) 双线性插值法　　(c) 双三次插值法

图 2.25　三种插值法示意图

转置卷积也称为反卷积和分数步长卷积,是卷积运算的逆过程,用于将特征图尺寸恢复到输入图像的大小。转置卷积的参数可学习,不需要人为干预,因此当需要使网络学习更好的上采样方式时,转置卷积是一种可行的方法。通过转置卷积可计算输入特征图像尺寸与原始图像尺寸。

当(output_size$+2p-K$)%$S=0$ 时,有
$$o=S(i-1)-2p+K \tag{2.29}$$
当(output_size$+2p-K$)%$S\neq 0$ 时,有
$$o=S(i-1)-2p+K+(o+2p-K)\%S \tag{2.30}$$
式中,o、i、p 分别代表输出图像尺寸、输入图像尺寸及补"0"值。

2.5.4　下采样计算

下采样也称为降采样,主要是为了提高感受野及降低计算量。深度学习中下采样的实现有两种途径:卷积运算和池化运算。通过卷积运算实现下采样是常用的一种方法,对于一幅尺寸为 $h\times w$ 的图像,当将其下采样为$(h/S)\times(w/S)$的分辨率时,最关键的控制参数是卷积步长,卷积运算下采样公式为
$$o=(i-K+2p)/S+1 \tag{2.31}$$
空洞卷积运算下采样公式为

$$o=[i-K-(K-1)(d-1)+2p]/S+1 \tag{2.32}$$

深度学习中池化运算下采样通常采用最大池化和平均池化,可以有效减少参数计算量以及降低网络复杂度,即保留关键特征并过滤冗余特征。池化运算下采样公式为

$$o=(i-K)/S+1 \tag{2.33}$$

2.6 CNN 中的图像分类模型

相较于传统的图像分类方法,基于 CNN 的图像分类能够实现自动识别的功能,而且通过特征融合可以获得更为丰富的高层特征。与传统的图像分类方法相比,CNN 的识别更准确、效率更高、算法鲁棒性更强,因此利用 CNN 进行图像分类的方法已经逐渐取代传统的图像分类方法[104]。

目前,得到广泛应用的基于 CNN 的图像分类方法主要有区域建议法和回归学习法。

1. 区域建议法(RCNN 系列)

区域建议法的主要步骤是:首先找出可能的目标区域,然后提取目标区域的特征,接着对目标区域进行分类,最后通过目标框回归分类结果。其优势在于,不需要人工制定描述特征且能实现良好的检测结果,但网络训练和检测的速度太慢,而且每部分都需要单独进行训练,效率太低。

2. 回归学习法(SSD① 和 YOLO 系列等)

回归学习法省略了区域建议法中烦琐的步骤,区域建议、特征提取和分类回归全部使用同一个网络完成,大大提高了网络训练和检测的速度。在面对复杂目标时,回归学习法的识别效果比区域建议法要差一些。

2.6.1 Fast RCNN 模型

Fast RCNN 是 RCNN 的加强版[105],同样使用最大规模的网络,与 RCNN 相比,其训练时间缩短为原来的 10%~15%,测试时间更是缩短为原来的 2%。经测试,两个网络在 PASCAL VOC2007 数据集上的准确率保持一致,都为 65%~70%。Fast RCNN 结构如图 2.26 所示。

Fast RCNN 较 RCNN 大幅度提升的关键在于,将特征提取、分类和边框回归

---

① SSD 表示单步多框目标检测(single shot multibox detector)。

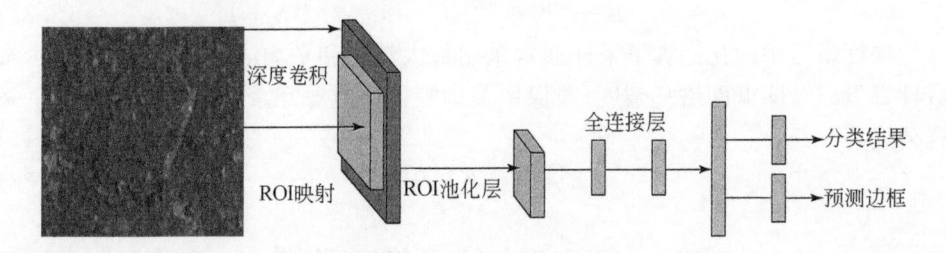

图 2.26 Fast RCNN 结构

将到一个步骤中,虽然两种网络都采用选择性搜索策略选取候选框,但 Fast RCNN 引入了感兴趣区域(regions of interest,ROI)策略。ROI 映射是把候选框映射到 CNN 的特征图上,通过提取深层特征可以使得网络一直保持高效率。ROI 池化层的本质是空间金字塔池化(spatial pyramid pooling,SPP),是 SPP-Net 中的一个特殊模块,其作用是保证无论输入图像的尺寸是多少,输出的特征图都是固定的。卷积层的参数和输入图像的大小无关,其卷积核的大小都是固定的,不受输入图像大小的影响,因此不同尺寸的图像卷积出的特征图尺寸也不相同。全连接层的参数设定需要考虑输入图像的大小,因为全连接层的目的是把输入的所有像素点连接起来,需要指定输入层神经元个数和输出层神经元个数,在进入全连接层前接入 SPP 层可以解决这一问题。SPP 层结构如图 2.27 所示。

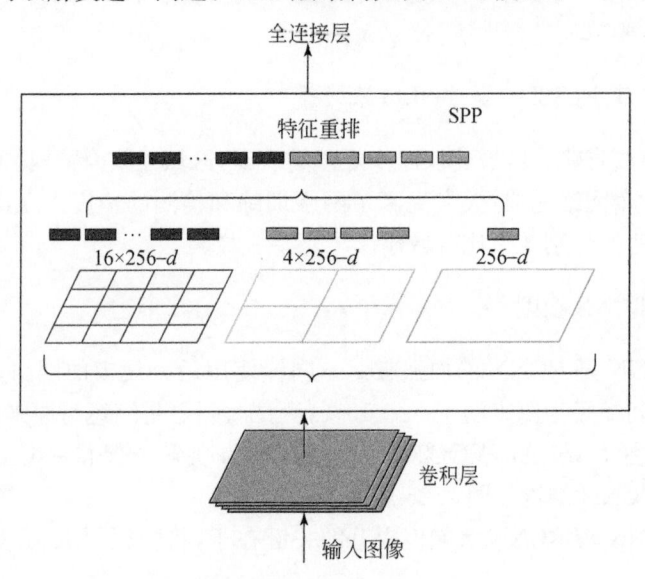

图 2.27 SPP 层结构(d 表示某一层级)

图 2.27 中规定输出的特征数为 21 维,为实现这一目标,需要将卷积层进行分块,分块大小分别为 4×4、2×2 和 1×1,共 21 块。空间金字塔最大池化的过程就是在这 21 个特征块中筛选并计算每个特征块的最大值,得到单独的输出单元,最终整合得到一个 21 维特征的输出。

2.6.2 SSD 网络模型

SSD 网络是目前较为主流的一种目标检测算法,对比 Fast RCNN,其速度优势更为明显。SSD 网络兼容了 VGG16 网络的特点,其主干网络由 VGG16 网络组成,通过将 VGG16 第 6 层和第 7 层全连接层转换成 3×3 的卷积层和 1×1 的卷积层以及新增卷积层来获得更多的特征图。相较于传统分类网络,SSD 网络去掉了候选框,采用了锚点机制。锚点机制是将图像上的每一个点都作为候选区域的中心点,每个点建立相对的检测网格,每个检测网格都表达了一个感受野,一个感受野可以看作一组特征,对这些特征进行分类和回归。SSD 网络结构如图 2.28 所示。

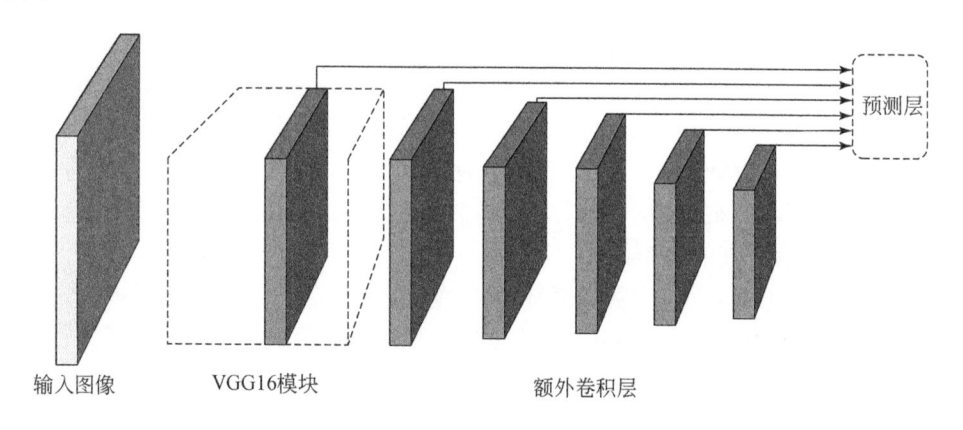

图 2.28 SSD 网络结构

由于 SSD 网络具有多尺度特征,在进行目标检测时,SSD 网络使用感受野小的特征图来检测小目标,使用感受野大的特征图来检测大目标。这一过程是通过金字塔特征层级实现的,如图 2.29 所示。该结构不仅可以获得不同尺度的特征映射,还可以在不同特征映射上实现预测,虽然增加了运算量,但可以大幅提高检测精度,在一些目标物尺寸相差较大的分类任务中,其优势尤为明显。

图像被送入 SSD 网络之后,会生成一系列特征图,传统网络采用的预测框会在特征图或原始图像上进行区域预测,预测出可能存在目标物的部分区域并进行分类,这一步会极大地消耗网络性能,降低网络效率。因此,SSD 网络放弃使

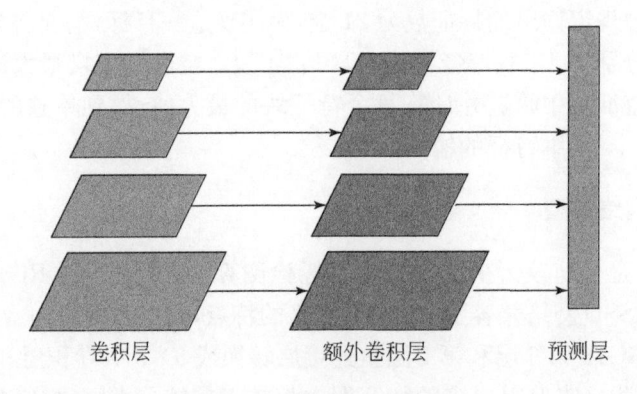

图 2.29　金字塔特征层级

用区域预测的方法,首先选择直接生成一系列的默认框,基于默认框筛选出先验框加入网络的训练中,然后以先验框为初始预测框,使预测框回归到正确的目标位置上,预测出的定位信息实际上是回归后的预测框和回归前的先验框之间的相对坐标。整个过程需要网络进行一次前向传播就可以完成,大大提高了运行速度。

SSD 算法属于多框预测,SSD 采用 CNN 进行检测,同时采用了多尺度特征图。SSD 算法存在两个优点:一是 SSD 算法可以提取不同大小的特征图来进行检测,大尺寸特征图用来检测小物体,小尺寸特征图用来检测大物体;二是 SSD 采用了不同长宽比和尺度的先验框[107-109]。

SSD 将 VGG16[110] 作为基本模型,其总的结构模型如图 2.30 所示,输入的图片经过了改进的 VGG 网络和几个另加的卷积层(卷积层 8～11),进行特征提取,图中 s1 和 s2 表示相同卷积过程的步长。

2.6.3　YOLOv4 网络模型

YOLO 网络自出现以来就成为分类网络的热门[111],其精度较高、网络组成灵活和结构简单易上手,目前已经更新到 v8 版本,但由于实际变化不大,应用最为广泛的还是 YOLOv4 模型。

YOLOv4 在原有 YOLO 网络框架的基础上,吸收了近些年 CNN 领域中最优秀的改进方案,在数据预处理、主干网络选择、网络训练参数、激活函数和损失函数优化等方面都有不同程度的改进,实际精度得到了明显提升,在平均精度的表现上已经超越了 SSD 网络。

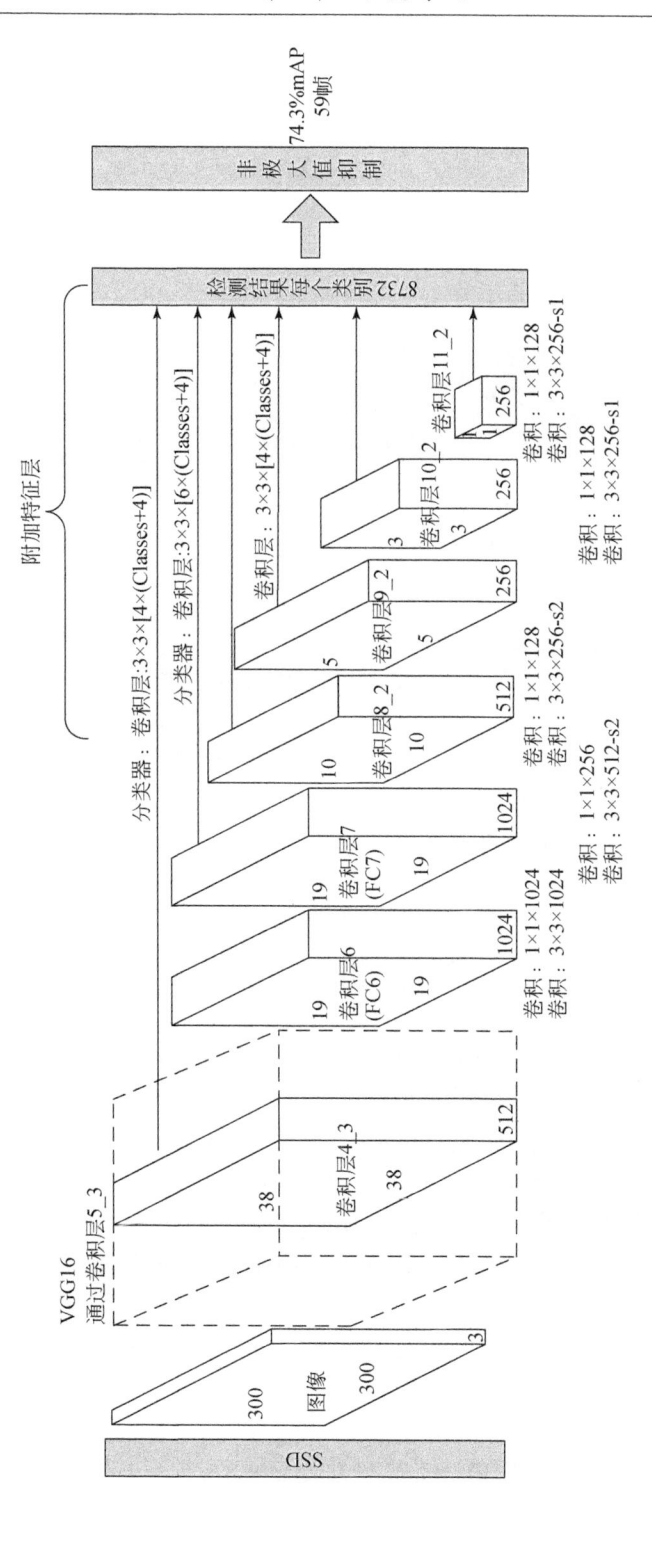

图2.30 SSD网络结构模型

YOLOv4 的网络模型结构大致可以分为 4 个部分：输入、主干网络、颈部和头部，其网络结构如图 2.31 所示。

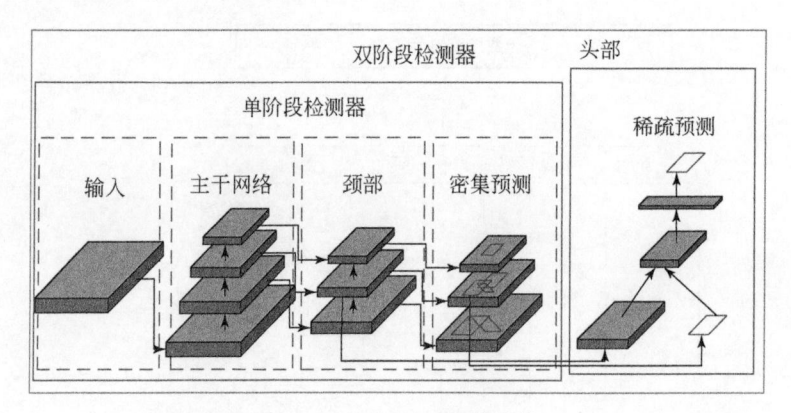

图 2.31 YOLOv4 网络结构

其中，输入部分可以是任意尺寸的图像；主干网络部分可以随意替换，但目前主要使用的主干网络为 CSPDarkNet53，该网络由 CSP 结构和 DarkNet53 组成，根据不同的任务可以更换为不同的主干网络；颈部 YOLOv4 同样使用了与 Fast RCNN 相同的 SPP 层结构，保证了输出特征的不变性；头部与 YOLOv3 相同，双阶段检测器用于密集预测和稀疏预测。整个 YOLOv4 结构可以简单地看作一个大框架，往里面添加模型和算法就可以组成网络，这也是 YOLOv4 的优势所在。

2.7 CNN 中的图像分割模型

图像分割的本质是按一定规则把图像分成若干区域，并从中提取出目标区域，通过图像分割可以实现对图像的细节分析，推动图像处理的发展。传统的图像分割算法主要有阈值分割算法、区域分割算法、边缘分割算法以及特定理论分割算法等。这些传统算法普遍存在抗干扰能力差、分类精度低和缺乏泛用性等缺点，难以满足军事、遥感和医疗领域中日益增长的需求[112]。

在 CNN 发展之初，就已经有人利用神经网络进行图像分割，其基本思想与图像分类有共同之处。基于 CNN 的分割往往具有一定的语义信息，可以辨别分割出的图像类别，但其主要实现的是像素级别的分类，其类别及发展有以下三种。

1. 区域图像分割

区域图像分割其实是由图像分类模型演变而来的，其主要网络模型为 RCNN

系列。区域图像分割的基本原理与图像分类相似,不同之处是在完成图像分类后的测试阶段,先将区域预测变为像素预测,再将预测的最高得分区域标记为像素。然而,该方法的分割特征所包含的空间信息不强,导致图像边缘分割不准确,无法满足高精度任务的需求。

2. FCN 图像分割

FCN 的诞生改变了图像分割的格局,其前身是 CNN。与 CNN 不同的是,FCN 选择由像素到像素的映射,而不进行区域的提取,极大地提高了分割精度。目前,FCN 已经有多种更为先进的变体,如 SegNet、U-Net 和 DeepLab 等。

3. 弱监督图像分割

弱监督图像分割可以看作图像分割未来的发展方向。当前基于 CNN 的图像分割需要对大规模手工注释的样本进行训练,成本高且效率低。弱监督图像分割是用更容易获得的真值标注替代逐像素的真值标注。其主要方法有图像标签法和边界框法。目前,弱监督图像分割还处于发展阶段,技术还不够成熟,主流的图像分割算法还是 FCN 图像分割。

2.7.1　FCN 模型

FCN 是验证基于 CNN 的图像分割模型。传统的 CNN 在卷积层之后使用全连接层获取特征并进行分类,而 FCN 创新性地将 CNN 中的全连接层替换为 1×1 卷积,使卷积后的特征恢复到与输入图像相同的尺寸,此步骤会对每个像素进行一次预测,还保留了输入图像的空间信息,通过恢复后的特征图进行逐像素分类,判断每个像素的类别。FCN 结构如图 2.32 所示。

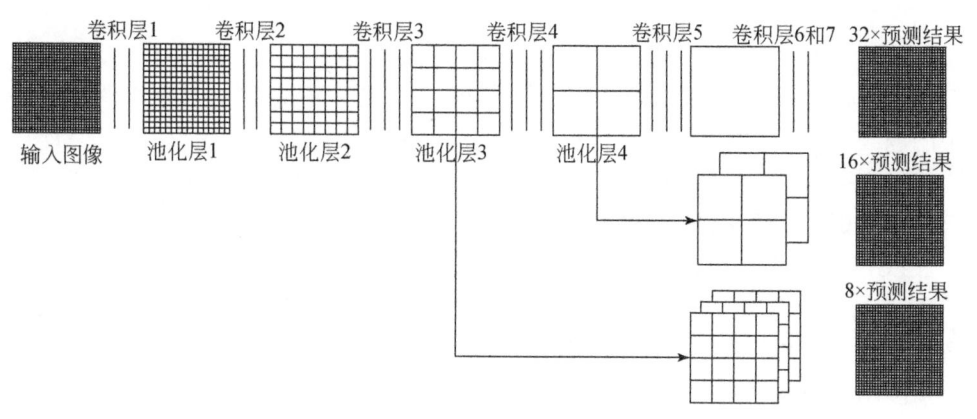

图 2.32　FCN 结构

全连接层和卷积层之间存在的不同点在于，卷积层中的神经元只与输入图像中的一个局部区域相连，在此卷积序列中所有的卷积神经元都共享参数。由于全连接层和卷积层中的神经元都是计算点积的，所以计算公式一致。因此，将全连接层替换为卷积层是可行的，而且任何全连接层都可以转换为卷积层。全连接层实际上就是卷积核为上层特征大小的卷积运算，卷积后的每一个点都对应全连接层中的一个点。如果上一层卷积后的特征图大小为 $N_H \times N_W \times N_C$，全连接层大小为 $1 \times 1 \times K$，那么替换全连接层中卷积层的卷积核的大小为 $N_H \times N_W \times N_C$，共有 K 个。

为了将特征图恢复到原始图像大小，FCN 采用上采样的方式将深层低分辨率特征图恢复为浅层高分辨率特征图[113]。目前，主流的上采样方式分为如下三种。

1. 插值法

常见的插值法主要有三种：最邻近像元法、双线性插值法、双三次插值法。其中，最邻近像元法的计算过程最为简单；双线性插值法应用最为普遍；双三次插值法的效果最好。目前，大多数类型的 FCN 都采用双线性插值法进行上采样。

2. 反卷积法

反卷积法与普通的卷积操作相反，会使得分辨率提高。其原理是在每个像素与像素之间填 0 来恢复上层特征。

3. 反池化法

反池化法的原理和反卷积法大致相同，都通过在空白位置填 0 进行特征恢复。不同的是，反池化法记录了池化的位置，在进行反池化时把池化的位置还原为原值，其他位置都填 0。

该网络首次将 CNN 的全连接层替换为卷积层，以此对输出激活图进行上采样（解卷积），从中可以计算出像素方向的输出。为了解决卷积池化过程中的信息丢失问题，FCN 将深层低分辨率特征图谱通过上采样方法（插值法、反卷积法）计算出浅层高分辨率特征图谱，并且将相同分辨率的深层特征图谱与浅层特征图谱融合为具有更丰富语义特征的特征图谱。

FCN 极大地提升了图像分割的精度，取得了相对较好的语义分割效果，然而FCN 没有考虑像素之间的上下文关系，依然存在细节感知能力差、计算效率低和忽视了像素间的关系等问题。FCN 是深度学习语义分割方向中的初始网络，为后续众多网络的诞生奠定了基础。

2.7.2 SegNet 模型

SegNet 作为经典的语义分割网络模型之一，其网络结构可以分为编码和解码两个部分[114]，其网络结构如图 2.33 所示。SegNet 中编码器的卷积层对应 VGG16 网络结构中前 13 个卷积层。解码部分可以看作编码部分的反向过程，解码器层组的构成与编码器层组类似，区别在于进行卷积和池化时，解码器网络采用了最大池化索引进行上采样，得到稀疏特征层，通过再卷积获取密集特征图。

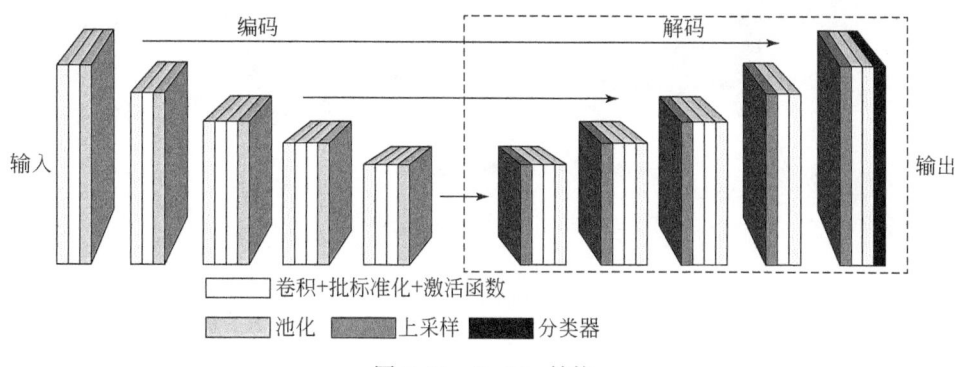

图 2.33 SegNet 结构

SegNet 相较 FCN 的改进之处在于，采用编码器对其低分辨率的特征进行上采样。不同于 FCN 中的插值法，SegNet 采用了最大池化索引的方式进行上采样，解决了 FCN 中存在的问题，如改善了模型细节信息提取的能力，减少了模型的参数，提高了网络的效率。

2.7.3 U-Net 模型

U-Net 作为一种图像分割网络[115]，其主要应用场景为医学图像分割。U-Net 与 SegNet 一样，都采用了编码器-解码器的框架，其网络结构如图 2.34 所示。

与 SegNet 不同的是，U-Net 的编码器和解码器保持对称结构，编码器部分为四次最大池化下采样操作，在四次最大池化下采样过程中获取上下层的池化过程并保留特征信息；解码器部分为四次反卷积上采样操作，在四次反卷积上采样的同时与编码器对应分辨率的特征图进行连接，通过记录的特征信息恢复上层特征图，采用跳跃连接的方式将相同分辨率的特征图进行融合，最终获得分割结果。

U-Net 的优势在于应对小样本数据集时，能进行快速、有效且准确的分割，其应用范围逐步拓宽到其他领域，如物体表面缺陷检测、遥感影像分割和其他特定目标分割的场景。

图 2.34　U-Net 结构

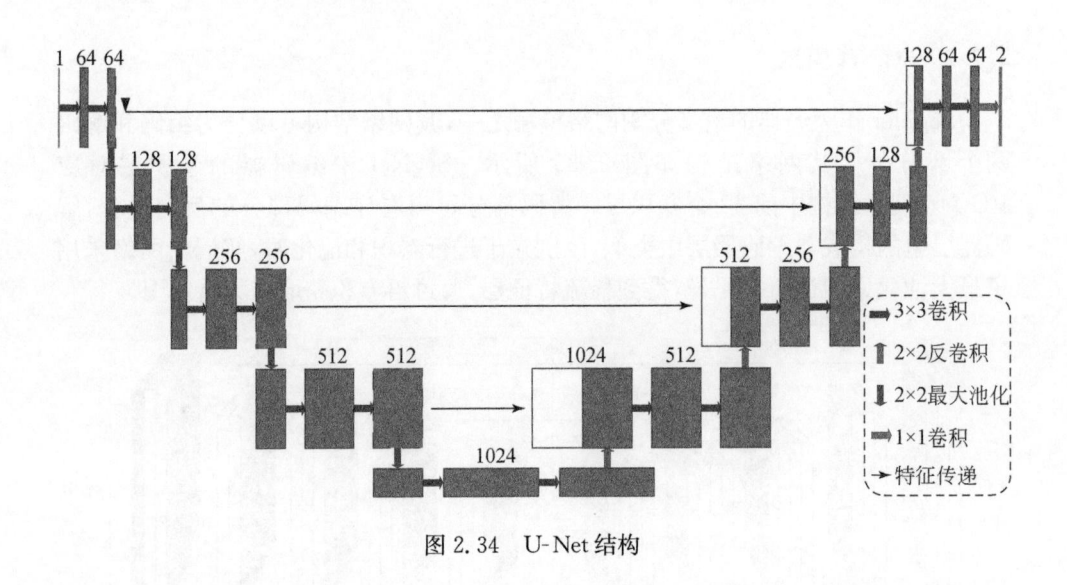

2.7.4　DeepLab v3＋网络

　　DeepLab v3＋网络是一种基于编码器-解码器结构的语义分割网络。它改进了空洞 SPP，除了在不同尺度上使用不同卷积率的空洞卷积以外，还增加了 1×1 卷积分支和全局平均池化分支，以此来增大感受野并提取不同尺度中的卷积特征，结合图像尺度上下文信息提升语义分割性能[116]。

　　DeepLab v3＋主要在模型的架构上，引入了可任意控制编码器提取特征的分辨率，通过空洞卷积平衡精度和耗时。DeepLab v3＋在编码器部分引入了大量的空洞卷积，在不损失信息的情况下，加大了感受野，使每个卷积输出都包含较大范围的信息，其网络结构如图 2.35 所示。

　　在编码器中，对压缩四次的初步有效特征层分别用不同尺度的空洞卷积进行特征提取，再进行合并，最后进行 1×1 卷积压缩特征。

　　在解码器中，对压缩两次的初步有效特征层利用 1×1 卷积调整通道数，再和空洞卷积后的有效特征层（编码器部分的输出）上采样的结果进行堆叠，在完成堆叠后，进行两次深度可分离卷积，就可以获得最终的有效特征层，它是整幅图像的特征浓缩。得到最终的有效特征层后，利用一个 1×1 卷积进行通道调整，调整到合适的 Num_Classes 参数；利用调整尺度进行上采样，使得最终输出层的宽、高与输入图像相同。

2.7.5　DenseASPP 网络

　　密集空洞 SPP(dense atrous spatial pyramid pooling, DenseASPP)网络将密集连

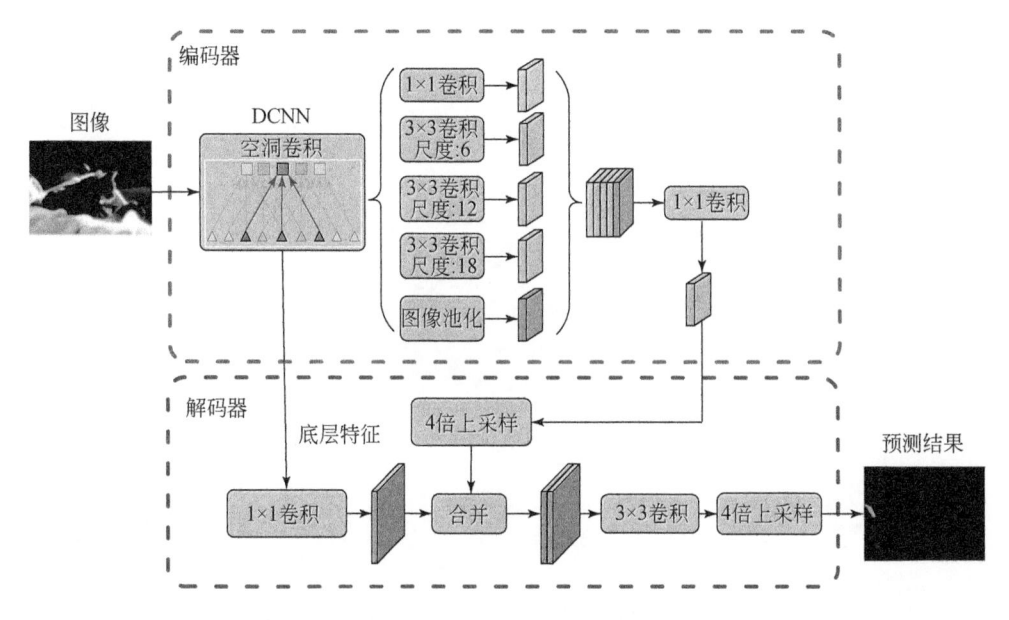

图 2.35　DeepLab v3+网络结构[117]

接的思想应用到空洞 SPP 中,每一层空洞卷积层的输入都是前面所有卷积层输入和输出特征图的拼接,以此来减少信息损失[118]。

DenseASPP[119]由一个基础网络和一系列层叠的卷积层组成。本节提出的DenseASPP 结合了并行和级联使用空洞卷积层的优点,在更大范围内产生了更多的尺度特征。通过一系列的特征连接,每个中间特征图上的神经元从多个尺度对语义信息进行编码,不同的中间特征图从不同的尺度范围对多尺度信息进行编码。通过一系列的空洞卷积,较晚层次的神经元获得越来越大的感受野,而不会出现ASPP 的核退化问题。因此,DenseASPP 最终的输出特征图不仅涵盖了大范围的语义信息,而且以非常密集的方式覆盖了该范围。其最显著的特点如下:

(1) DenseASPP 能够生成覆盖范围非常大的特性(对接受域大小而言)。

(2) DenseASPP 生成的特征能够非常密集地覆盖上述尺度范围,如图 2.36 所示。

空洞卷积层以级联方式组织,膨胀率逐层增大。膨胀率小的层在下部,膨胀率大的层在上部。将每一层的输出与输入的特征图和较低层的所有输出连接起来,并将连接起来的特征图送入下一层。DenseASPP 的最终输出是由多空洞率、多尺度的卷积生成的特征图。本章提出的结构可以同时组成一个更密集和更大的特征金字塔,只需要几个空洞卷积层。与原始的 ASPP 相比,DenseASPP 将所有空洞卷积层堆叠在一起,并将它们紧密连接起来。这种变化可获得更密集的特征金字

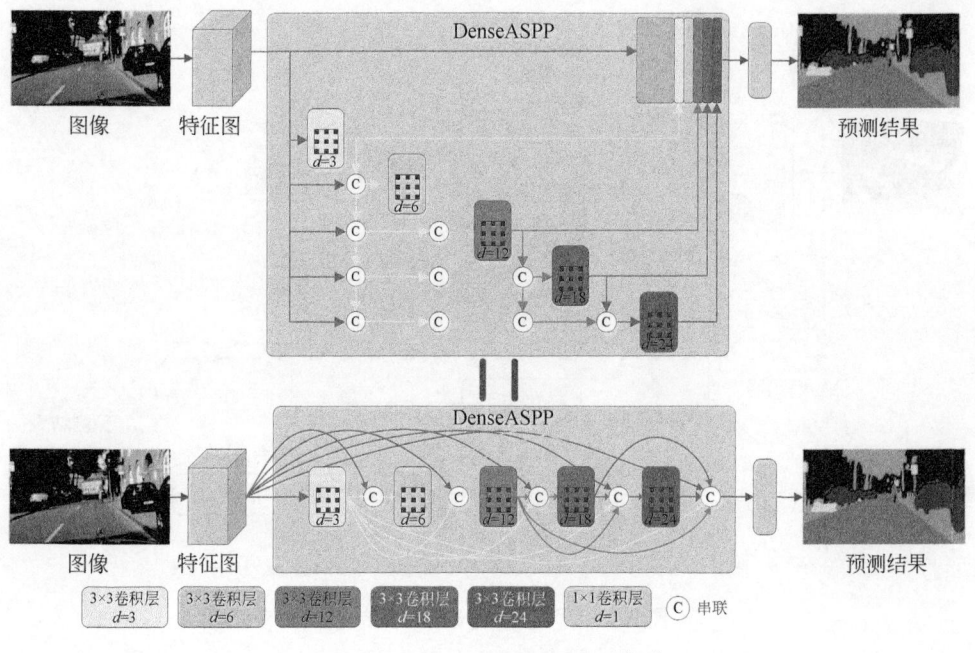

图 2.36 DenseASPP 网络结构[119]

塔和更大的接受域。

2.8 本章小结

本章详细阐述了深度学习中 CNN 的结构，分析了卷积层、池化层、全连接层、激活函数、损失函数、上下采样计算等在图像特征提取中的作用，并对常见的 CNN 中的图像分类模型（RCNN、SSD 和 YOLO）和图像分割模型（FCN、SegNet、U-Net、DeepLab v3+和 DenseASPP）进行了深入探讨，为后续对裂缝图像进行识别提取奠定了理论基础。

第3章 裂缝病害图像特征分析及数据预处理

数据集的制作在一定程度上影响着实验结果的优劣,尤其是在 CNN 中,用于训练的数据集是其获取特征的关键所在。因此,在进行各类对比实验前,制作并处理好合适的数据集十分重要。

3.1 路面裂缝类型

裂缝是公路损坏中比较常见的类型之一,若裂缝较多的路面不能及时进行维修和养护处理,则会对道路性能产生重大影响,并缩短道路的使用寿命。分析道路裂缝的类型和成因可以帮助相关研究人员制定预防措施[120]。

根据裂缝的成因及多尺度的特性,可以把路面裂缝大致分为四类,即纵向裂缝、横向裂缝、网状裂缝和不规则裂缝。

(1)纵向裂缝一般平行于道路中心,表现为直行裂缝。这种类型的裂缝通常是由不结实的路面地基、路面沉降或不细致的路面结构引起的。道路边缘的裂缝是由道路结构施工不充分引起的,道路基底的不稳定和沉降也会引起更长的纵向裂缝,如图 3.1 所示。

(2)横向裂缝是一种垂直于道路中心线的裂缝,具有少量分支,这主要由路基或路面的低温收缩引起。这类裂缝会随着时间的推移,慢慢从道路两旁蔓延到整个道路,如图 3.2 所示。

图 3.1 纵向裂缝 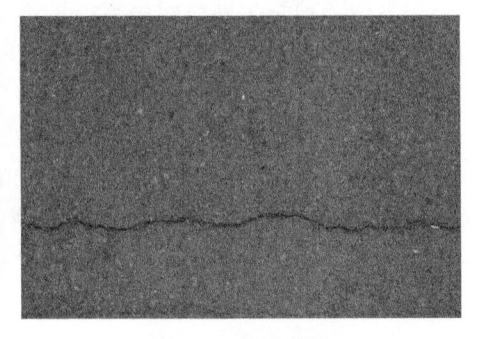　　图 3.2 横向裂缝

(3)网状裂缝一般是横线、竖线、斜线等其他裂缝相间,相互交错形成网格,每个小格子的尺寸小于 50cm×50cm。网状裂缝完全是由道路的过度负载引起的,

在裂缝形成的初期,通常由一个或多个纵向裂缝组成,随着道路负载在这些纵向裂缝中继续增大,便会出现斜向裂缝、横向裂缝,从而形成网状、龟裂状裂缝,如图3.3所示。

(4)不规则裂缝是指裂缝的形状大小不会按照一定的规则出现,通常表现为各式各样的形状。道路路面的温度变化和路面材料收缩是导致出现不规则裂缝的主要原因,如图3.4所示。

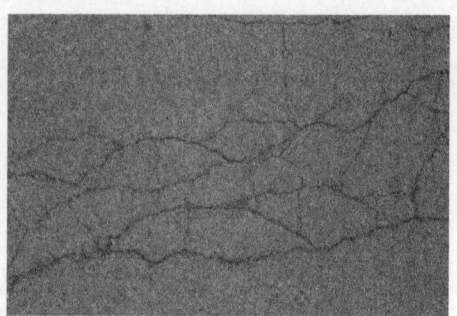

图3.3 网状裂缝　　　　　　　　　图3.4 不规则裂缝

3.2 路面裂缝的特点及成因

3.2.1 路面裂缝的特点

路面裂缝作为常见的路面病害之一具有十分鲜明的特点,其他路面病害如路面塌陷或路基沉降的外在表现也可能是路面裂缝,因此检测路面裂缝在一定程度上可以发现和预测多种路面病害。虽然路面裂缝的特征比较明显,但要对其进行自动检测依旧存在很大难度[103],主要表现在以下方面。

1. 形态特征导致检测困难

路面裂缝的外观大多呈细小狭长的形状,虽然局部区域的形状有相似性,但大体上呈现不规则的特征,其在整体路面图像中所占面积相对较小。同时,裂缝病害图像本身的颜色与当前沥青路面十分接近,灰度表现也十分相似,加大了识别的难度。

2. 数据采集导致检测困难

路面裂缝病害图像的特殊属性,导致其数据采集困难。目前,主要采用道路综合检测车进行数据采集,通过车载摄像机对路面进行扫描拍摄。拍摄角度、光照阴影及路况等因素会影响拍摄图像的质量,因此需要通过数据处理手段消除影响。

3. 干扰因素导致检测困难

路面数据采集不仅采集到裂缝,还会采集到其他干扰因素,如路面标线、路面修补以及其他影响裂缝识别的路面因素等,这些干扰因素会在一定程度上增加网络的负担,还会影响网络的正确识别,增大裂缝识别的难度。

3.2.2 路面裂缝的成因

路面产生裂缝的原因多种多样,主要源自路面材料的质量、天气的变化、交通的负荷、温度的骤变、路面的积水。将上述影响因素进行总结、分类后,可将裂缝形成的原因分为两类:一类是负载性裂缝;另一类是非负载性裂缝。

1. 负载性裂缝

当地面行驶车辆的重量超过地面承受能力时,地面结构底层的压力增大,地面材料的耐压过大,地面结构被破坏,产生裂缝,因此称为负载性裂缝,如图 3.5 所示。

2. 非负载性裂缝

由道路温度骤变、路面材料选择不当等因素造成的裂缝称为非负载性裂缝。非负载性裂缝对温度比较敏感,热胀冷缩导致路面结构层的作用力超过路面混合物的拉伸力,从而导致连续的水平裂缝,平均间隔为 5~6m,另外,修建道路的材料类型和等级高低不同也会严重影响路面质量。在施工过程中,若道路含有大量的水,则在寒冷时不可避免地会产生裂缝;道路基础不稳,路面或多或少会下沉;当旧路宽度增加时,若新旧路的路基压实度不够,则会产生裂缝,如图 3.6 所示。

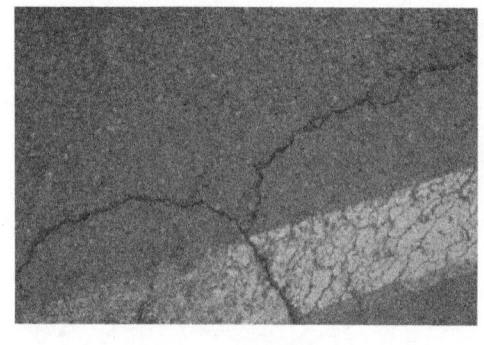

图 3.5 负载性裂缝

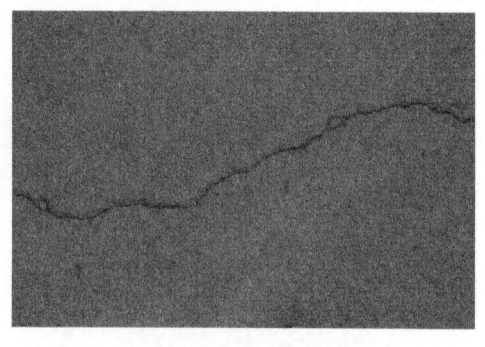

图 3.6 非负载性裂缝

3.3 路面裂缝数据集制作

在建立裂缝识别的神经网络模型前,首先需要获取大量的训练样本,包括道路裂缝样本和道路非裂缝样本。

3.3.1 自制数据集 Highway Crack

由于当前网络上公开的数据集不能完整包含前面提到的路面裂缝及干扰因素类别,所以本书选择自制数据集。本次实验自制的 Highway Crack 数据集来源于甘肃省高速公路路面裂缝采集,经过裁切筛选共得到 1600 幅图像,分辨率为 512×512,经过随机角度旋转、水平和竖直翻转等数据增强手段得到 5500 幅图像,同样按照 4∶1 的比例分为验证集和测试集,其类别数目如表 3.1 所示。

表 3.1 自制数据集类别数目

病害类别	测试样本	训练样本
普通路面	148	592
路面标线	152	608
路面修补	160	640
横向裂缝	210	840
纵向裂缝	230	920
网状裂缝	200	800

同时,将 Highway Crack 数据集中的横向裂缝图像与纵向裂缝图像用于图像分割实验,选取横向裂缝、纵向裂缝共 600 幅图像用于制作标签图像组成数据集,通过旋转、平移和错位裁切等数据扩充手段将数据集扩充为 2000 幅,按照 4∶1 的比例分为验证集和测试集,裂缝及标签图像如图 3.7 所示。

(a) 原始横向裂缝图像　　　　　　　　(b) 横向裂缝标签图像

(c) 原始纵向裂缝图像　　　　　　　　(d) 纵向裂缝标签图像

图 3.7　Highway Crack 数据集裂缝及标签图像

3.3.2　自制可变 SSD 数据集

可变 SSD 数据集由甘肃省国道和省道公路路面图像组成。裂缝宽度约 3mm。本实验使用的数据主要来自车载电荷耦合元件(charge coupled device,CCD)相机,覆盖了大部分路面状况,路面图像分辨率为 1688×1874。直接对原始大尺寸图像进行训练需要消耗大量的内存,导致训练时间较长。此外,由于裂缝区域只占整个图像的一小部分,而且有多个目标同时出现在原始图像中,裂缝的特征提取和识别比较困难。因此,为了减少内存使用、抑制类间的干扰,实验将原始高速公路裂缝图像分成一些小块图像,大小为 562×562(图 3.8)。将数据集划分为五类:横向裂缝、纵向裂缝、网状裂缝、裂缝修补面、路面标线。随后,实验使用 LabelImg 对图像进行标注,包括裂缝的类别和位置,还将数据集划分为训练集(18694 幅图像)、验证集(2077 幅图像)和测试集(1483 幅图像)。表 3.2 显示了每个类别的目标数量。

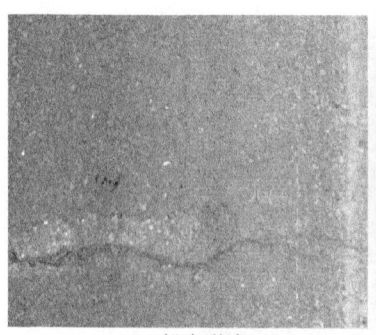

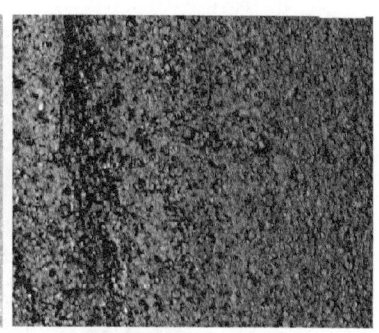

(a) 横向裂缝　　　　　　　　(b) 深色背景下纵向裂缝

(c) 网状裂缝　　　　　　　(d) 浅色背景下裂缝修补面

(e) 浅色背景下纵向裂缝　　　(f) 路面标线

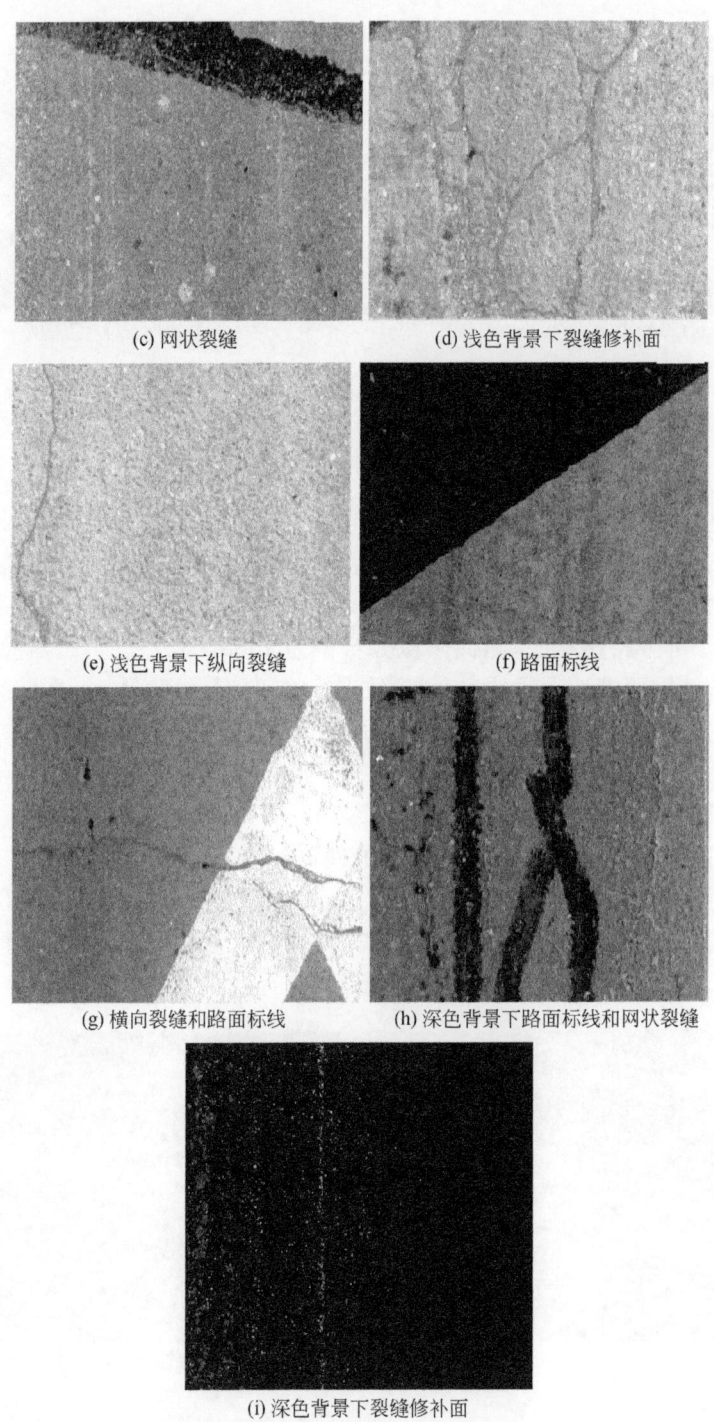

(g) 横向裂缝和路面标线　　　(h) 深色背景下路面标线和网状裂缝

(i) 深色背景下裂缝修补面

图 3.8　数据集样本图像

第 3 章 裂缝病害图像特征分析及数据预处理

表 3.2 每个类别的目标数量

类型	横向裂缝	纵向裂缝	裂缝修补面	网状裂缝	路面标线
训练集	40904	44931	7763	17497	1337
测试集	458	949	349	88	148

3.3.3 公共数据集

1. CRACK500 数据集

CRACK500 数据集包含 1896 幅混凝土路面裂缝图像，主要分为横向裂缝和纵向裂缝两个类别，分辨率为 640×360，本节实验共筛选扩充出 1500 幅图像，按照 4∶1 的比例分为验证集和测试集，用以验证分割网络的性能。裂缝及标签图像如图 3.9 所示。

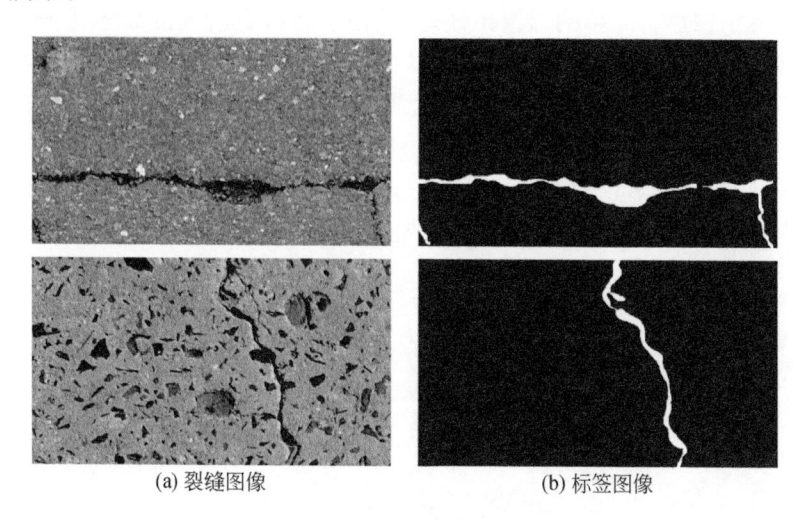

(a) 裂缝图像 (b) 标签图像

图 3.9 CRACK500 数据集裂缝及标签图像

2. PASCAL VOC2007 数据集

作为标准数据集，PASCAL VOC2007 是衡量图像分类识别能力的基准。Fast RCNN、YOLOv1、YOLOv2 都以此数据集为最终演示样例。PASCAL VOC2007 数据集包含训练集(5011 幅)和测试集(4952 幅)，共计 9963 幅图像、20 个种类。

数据集的 JPEGImages 文件夹中包含了 PASCAL VOC2007 提供的所有图像信息，包括训练图像和测试图像。JPEGImages 中存放着原始图像，这些图像都是以年份_编号.jpg 格式命名的。图像的像素大小不一,一般为 500×375(横向图像)或 375×500(纵向图像),偏差基本不会超过 100。在之后的训练中,第一步就是将这些图像大小都重修调整到 300×300 或 500×500,所有原始图像大小不能偏离该标准过远。这些图像用来进行训练和测试验证。

数据集的 Annotations 文件夹中存放的是.xml 格式的标签文件,每一个.xml 文件都对应 JPEGImages 文件夹中的一幅图像。

数据集的 ImageSets 中有四个文件夹,分别是 Action、Layout、Main 和 Segmentation。Action 下存放的是人的动作(如跑、跳等),这也是 VOC challenge 的一部分;Layout 下存放的是人体部位的数据(如人的头、手、脚等),这也是 VOC challenge 的一部分;Main 下存放的是图像物体识别的数据,共分为 20 类;Segmentation 下存放的是可用于分割的数据。

3.3.4 图像集预处理

对裂缝图像进行简单的图像预处理,以便于获得更清晰的裂缝特征信息。对裂缝图像进行腐蚀和膨胀,腐蚀对应物体的边缘,卷积核沿着图像滑动,若其对应原始图像的所有像素值均为 1,则中心元素将保留其原始值,否则为 0,腐蚀主要用于消除白噪声,也可以切断连接的物体。膨胀对应原始图像的所有像素值,只要存在一个 1,中心像素值就为 1。通常在去除噪声时,先腐蚀后膨胀;在去除白噪声时,图像会由于腐蚀而缩小,因此要进行膨胀。腐蚀和膨胀实验结果如图 3.10~图 3.12 所示。

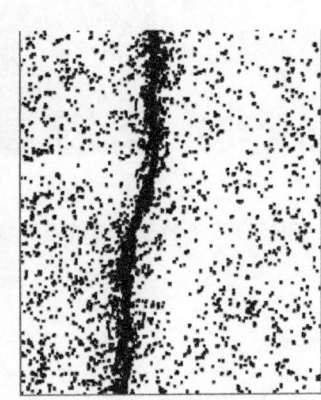

图 3.10 原始图像　　　　图 3.11 腐蚀后图像　　　　图 3.12 膨胀后图像

3.4 裂缝识别技术流程

详细了解前述沥青路面裂缝的类型和成因,对于在不同情况下发生的裂缝类型,选择适当的方法进行分析和处理,从而起到未雨绸缪的作用,还必须采取适当的维护措施,以延长道路寿命并确保车辆和行人的安全。道路裂缝识别与分类的具体流程图如图 3.13 所示。

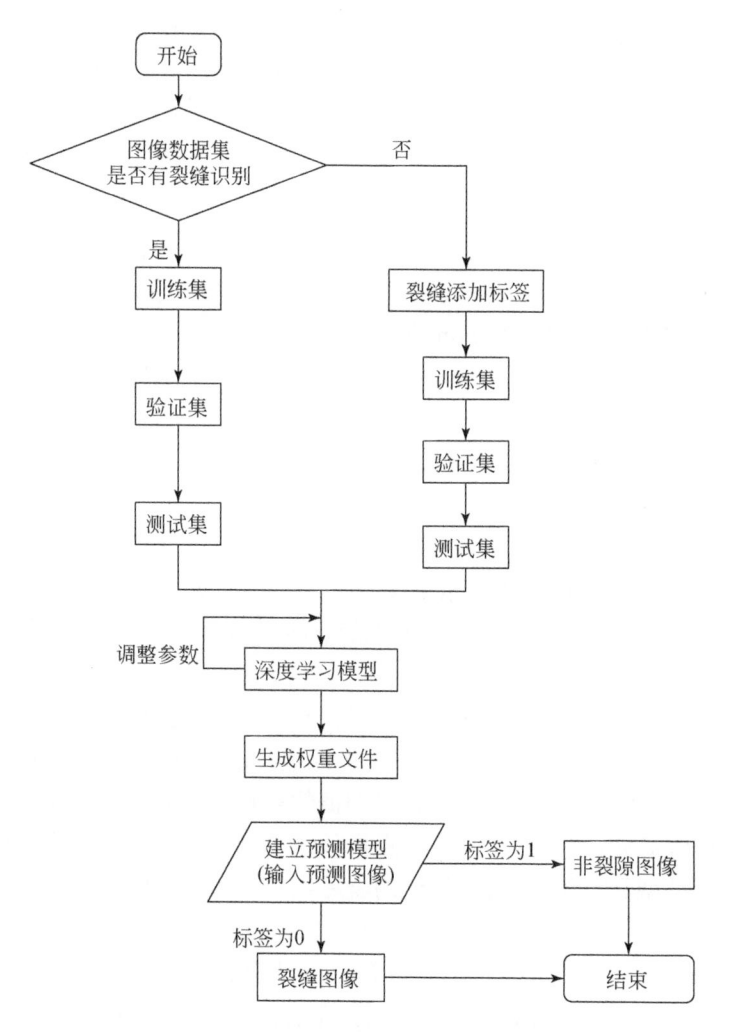

图 3.13 道路裂缝识别与分类的具体流程图

3.5 实验环境选择及搭建

3.5.1 实验环境选择

深度学习理论的发展推动了各种深度学习框架的产生,使用这样的框架,研究人员不会在一开始就应用编程去实现各种复杂的功能,而只需关注研究算法的实现。目前,人们常使用的框架包括 Caffe、Theano、TensorFlow、Keras 和 PyTorch。

(1)Caffe 框架可以认为是首先应用于工业级的深度学习工具包,它以C++为基础在多个设备上进行编译,并可在交叉平台上使用,Caffe 框架同时支持 C++、MATLAB 及 Python 编程接口[121]。Caffe 框架的扩展性不好,对新建的层要进行自我实现,对大型网络的使用也太过复杂。

(2)Theano 主要利用 Python 进行编写,支持开发高效快速的机器算法,它在 Berkeley 软件分发(Berkeley software distribution,BSD)协议中发表。Theano 的构架就像一个黑匣子,使用 Python 语言把整个代码库和接口连接起来,Theano 的符号是应用程序接口(application programming interface,API)通过循环控制,实现 RNN 的高效率。Theano 缺少分布式应用程序管理框架,只支持同一种类的编程语言。Theano 对大型网络模型的编译时间较长,错误信息提示可能帮助不大,对已预定型模型的支持不足。

(3)TensorFlow 具备了高端的 API 功能,可以迅速构建网络,还能新建偏值与权值,从底部开始建立网络,抽象化计算图像,再将其视觉化到 TensorBoard,其支持数据并行和模型并行。TensorFlow 以静态图为基础,所有的资源计算都用图进行显示,导致其调试过于烦琐。

(4) Keras 框架是由 Python 编写的开源神经网络库,是以 Theano 或 TensorFlow 为基础的更高级深度学习网络框架,Keras 框架可以迅速构建神经网络,不受 TensorFlow 在底层构建权值和偏值的影响。Keras 框架的中文文档资料丰富,环境设置简便,尤其是在使用权值共享、多模型组合、多任务学习等网络模型时,会发现其模型具有最灵活、最简便的学习结构。因此,本书选择了 Keras 框架来搭建实验环境。

(5)PyTorch 是一个基于 Torch 的 Python 开源机器学习库,用于自然语言处理等应用程序中。它主要由 Facebook 的人工智能小组开发,不仅能够实现强大的 GPU 加速,同时还支持动态神经网络,这一点是现在很多主流框架如 TensorFlow 都不支持的。PyTorch 提供了两个高级功能:①具有强大的 GPU 加速的张量计算(如 Numpy);②包含自动求导系统的深度神经网络,除了 Facebook 之外,Twitter、乔治梅森大学(George Mason University,GMU)和Salesforce等机构都采用了PyTorch。本书使用的PyTorch版本为1.1.0版。

3.5.2 实验环境搭建

实验平台安装步骤如下：

1. 安装Anaconda

Anaconda是一个基于Python的开源软件,利用Anaconda可以管理大量的科学计算包,大大简化了实验的工作流程。Anaconda不仅可以轻松安装、更新和删除工具包,可以在安装过程中自动安装适当的依赖程序包,可以使用各种虚拟环境,以便更轻松地处理多个项目。因此,本书利用Anaconda创建了Python3.7的实验环境。

2. 安装TensorFlow-GPU

TensorFlow是主要用于数值计算的开源软件库,是一个采样数据流图。图中的节点表示数学操作,线在图中表示节点间互相关联的多维数组,即张量。灵活的架构,使得其可以在多种平台上展开计算。本实验使用TensorFlow作为Keras的后端,为了节约时间及快速计算,可以使用TensorFlow的GPU版本。

3. 安装Cuda和Cudnn

Cuda是GPU厂商NVIDIA推出的通用并行计算框架,Cudnn是特意为深度神经网络设计的GPU加速库。利用这两种工具,可以在很大程度上节约时间。

4. 安装Keras

Keras具有极简、高度模块化和可扩展的功能,同时支持CNN、RNN或两者的结合,可以实现无缝中央处理器(central processing unit,CPU)和GPU的切换。

5. 安装PyCharm

PyCharm是一种Python集成开发环境,可以帮助用户在使用Python语言开发环境时提高效率,如调试、Project管理、代码跳转、智能提示、单元测试、自动完成、版本控制。

具体实验环境配置如表3.3所示。

表 3.3　实验环境配置

实验环境	版本
计算机操作系统	Windows10(64 位)
Anaconda	3.0
TensorFlow	2.0.0
Cuda	9.1
Cudnn	7.6.5
Keras	2.3.1
Python	3.7.6
PyCharm	3.5
PyTorch	1.6.0
CPU	英特尔 Core i9-9900K
GPU	Nvidia GeForce RTX 2080Ti
RAM	金士顿 DDR4 3200MHz 16GB

注：RAM 为随机存储器(random access memory)。

3.6　本章小结

本章阐述了路面裂缝类型，分析了不同类型裂缝的特点和成因，据此自制实验数据集 HighwayCrack，并对数据集进行了分类。同时，为了对不同实验模型的运行结果进行对比分析，还引入了公共数据集。在对数据集进行预处理的同时，给出了实验技术流程，并对裂缝图像识别与提取实验进行了分析和研究。

第 4 章　基于 CNN 的公路裂缝分类识别实验及分析

实验利用 Keras 框架来设计 CNN 的操作。在进行数据训练时，实验用的训练集相比于神经网络所需的庞大数据集，其数据量要少得多，但也会成功训练出模型。为了在达到更高准确率的同时出现避免过拟合的情况，可以采用数据增强的方法。

数据增强又分为两种：一种是离线增强，是指直接对数据集进行处理，数据量会变成增加因子乘以原数据集的量，当数据集非常小时，通常使用此方法；另一种是在线增强，是指获得批数据之后，对这个批数据进行增强（如平移、旋转、翻折等）。由于部分数据集无法适应线性级别的增长，所以在线增强方法通常用于大的数据集。这种数据增强方式已经在许多机器学习框架中应用，并且可以利用 GPU 进行优化计算。

实验中通过 CNN 模型来训练自己的图像数据集，实现属于本实验的图像分类器。在实验中，主要使用 Keras 框架来搭建本实验的 CNN，而在 Keras 框架中搭建的网络模型不需要考虑数据在层与层之间怎样传递，只需要将输入数据按照神经网络模型输入。在建立模型时，先定义一个序贯模型，再利用函数方法将自己建立的层添加到模型中。本实验使用类似 AlexNet 的网络模型，将输入图像大小设置为 $150 \times 150 \times 3$，定义四个卷积层以及四个池化层。

4.1　实验模型评估与分析

采用类似 VGG 的 CNN 模型来识别横向裂缝、纵向裂缝、网状裂缝和不规则裂缝，结果只需要输出裂缝数据和非裂缝数据两种类型。因为图像不能直接在神经网络中学习，所以学习之前需要把数据格式化为经过预处理的浮点数张量。

在创建模型时，利用 Keras 框架中已经拥有的模型进行迁移学习，同时为了使网络的训练结果比较可靠，训练集、验证集和测试集的数据都是随机分选的，卷积层输出空间的维数为 32，也就是输出特征图的深度为 32，提取信息的窗口大小设置为 3×3，卷积核大小为 3×3，池化层窗口大小设置为 2×2 是为了缩小特征图的尺寸。设置损失函数和优化器，检测模型在训练和测试时的性能指标，为了减弱过拟合的状态，可以在模型中加入一个 Dropout 层，其中 rate 值为 0.5，为了使结果更具有说服力,画出训练集、验证集准确率图像和训练集、验证集损失率图像。

在类似 AlexNet 的训练模型中,为了更快捷地获取结果,首先设置训练迭代次数为 30 次,批量数据 batch_size=32,即一次处理 32 幅图像,结果如图 4.1 和图 4.2 所示。为了使结果更具有说服力,设置训练迭代次数为 100 次,批量数据不变,结果如图 4.3 和图 4.4 所示。

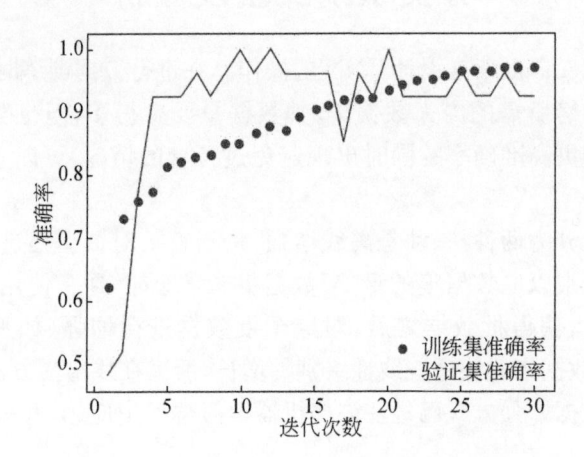

图 4.1 训练集和验证集的准确率(30 次迭代)

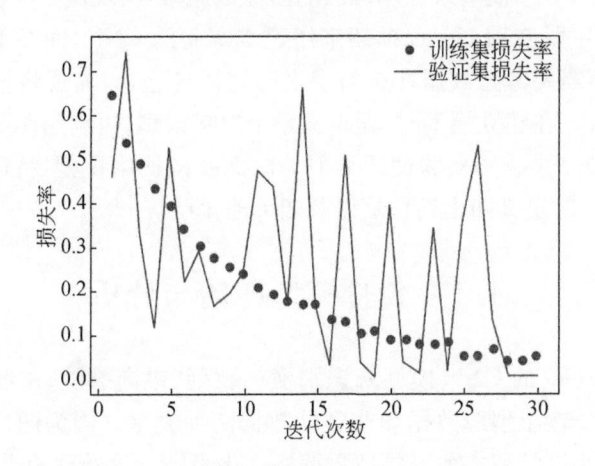

图 4.2 训练集和验证集的损失率(30 次迭代)

VGG CNN 模型具有简洁性和实用性,成为当时最受欢迎的 CNN 模型,该网络模型在图像分类和目标检测中起重要作用,得到的结果也比较精确。VGG16 则分为 16 层,其结构如图 4.5 所示。在实验中可以利用 VGG16 网络再次对数据进行训练,以方便与之前的模型进行对比分析,获得更准确的结论。

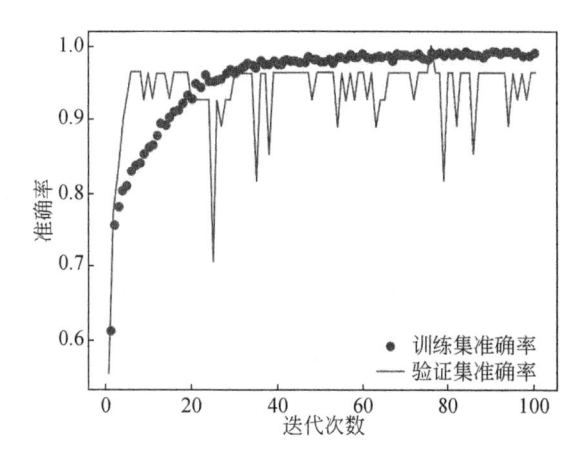

图 4.3　训练集和验证集的准确率(100 次迭代)

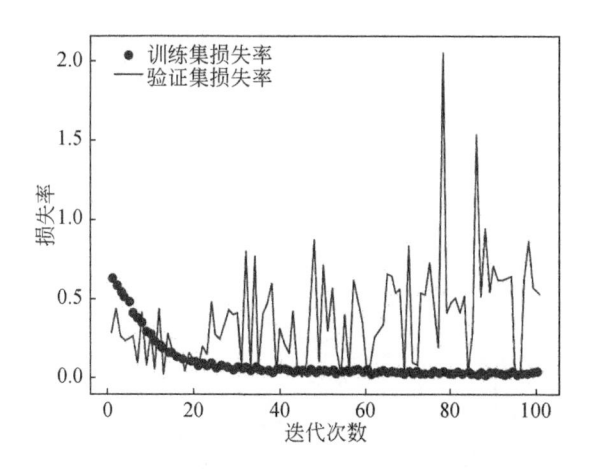

图 4.4　训练集和验证集的损失率(100 次迭代)

使用预训练的 VGG16 模型作为固定的图像特征提取器,其中 VGG16 最后一层卷积层的输出被直接输入模型中的全连接层。采用同样的训练方式,首先设置训练迭代次数为 30 次,批量数据 batch_size=32,得出结果如图 4.6 和图 4.7 所示;再次设置训练迭代次数为 100 次,批量数据相同,结果如图 4.8 和图 4.9 所示。VGG16 卷积层数越多,其训练耗时越长。

由图 4.6 和图 4.8 中可知,在类似 AlexNet 的训练模型中,训练集(30 次迭代)的准确率接近 97%,而验证集(30 次迭代)的准确率大部分集中在 92% 以上。训练集(30 次迭代)的损失率逐渐为 0,而验证集(100 次迭代)的损失率还存在明显的波动,图像拟合也存在一定的偏差,这是因为训练集中的图像自身存在特征不

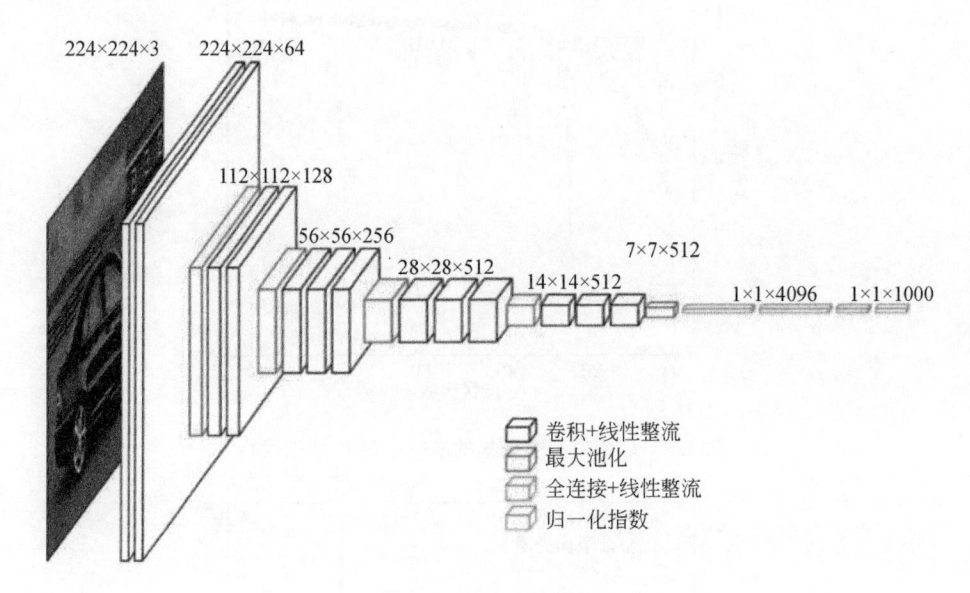

图 4.5 VGG16 结构图

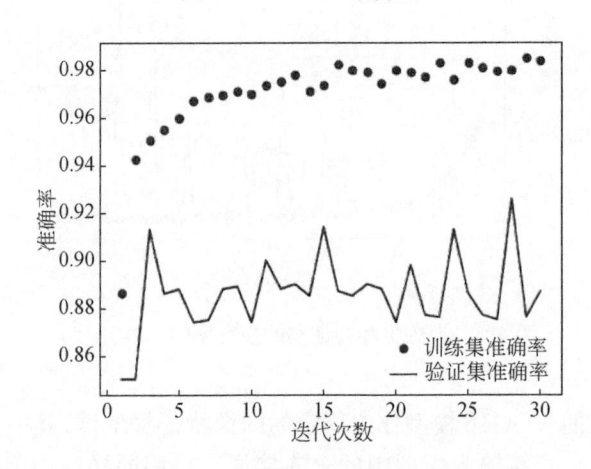

图 4.6 VGG16 训练集和验证集的准确率(30 次迭代)

明显的缺点,样本数量较少;在 VGG16 预训练网络中,图 4.8 训练集的准确率逐步提升,甚至高达 98%,而验证集的准确率曲线变化比较明显;图 4.9 中训练集的损失率同样趋近于 0,而验证集的损失率还存在较大波动。以上两种实验结果均表明,对于验证集,数据还存在一定的缺陷,导致生成的图像上下波动较大,出现偏拟合现象,但是训练集效果明显,因此利用训练后的结果完成实验。建立一个预测模

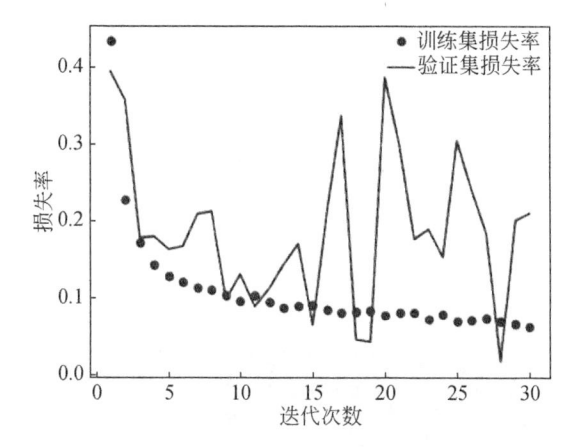

图 4.7 VGG16 训练集和验证集的损失率(30 次迭代)

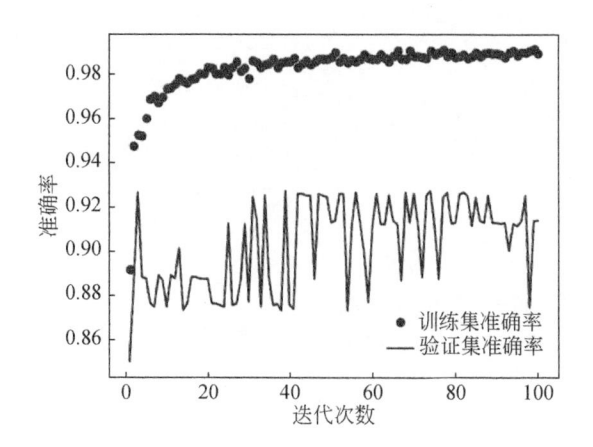

图 4.8 VGG16 训练集和验证集的准确率(100 次迭代)

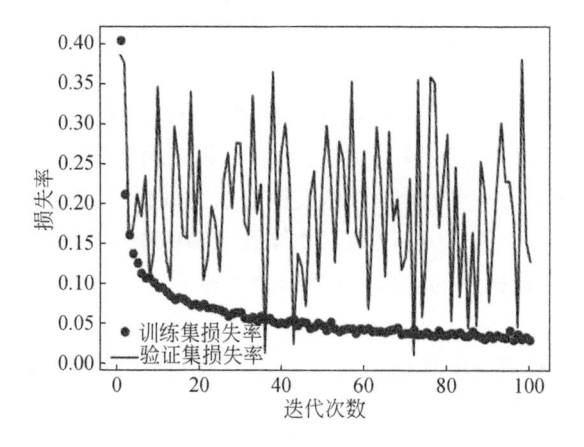

图 4.9 VGG16 训练集和验证集的损失率(100 次迭代)

型,利用训练后生成的权重文件 crack_and_ncrack_weights.h5 实现对裂缝图像和非裂缝图像的预测,首先随机输入一幅未知图像,利用监督学习的权重文件在预测模型中进行判断,由模型自动判断出此图像属于裂缝图像还是非裂缝图像,由于实验的局限性,实验数据需要进行单幅输入,即依次输入 100 幅图像,其中裂缝图像 50 幅,非裂缝图像 50 幅,结果预测出 46 幅裂缝图像,模型精度为 92%,实验结果如图 4.10 所示。

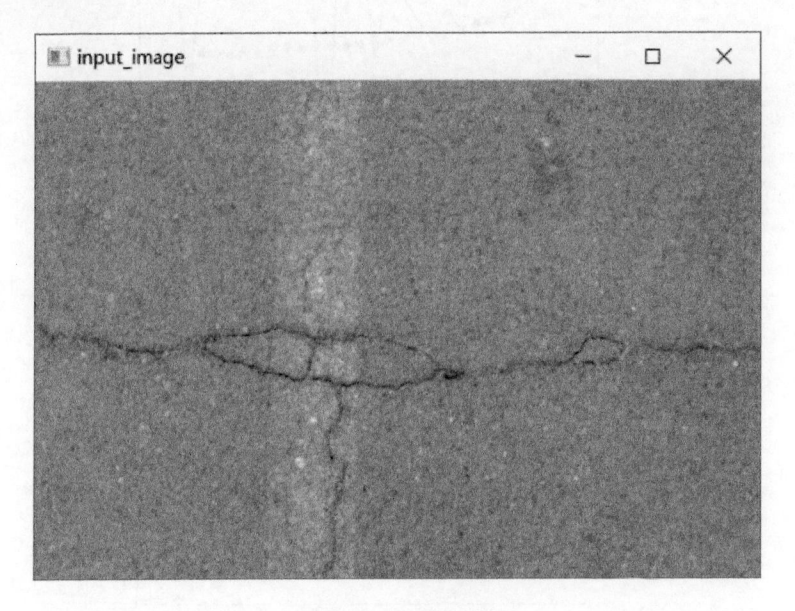

图 4.10 实验结果

4.2 卷积可视化分析

可视化 CNN 的主要可视化模式有四种:第一种是卷积核输出可视化,即可视化卷积运算的结果,以帮助理解卷积核的作用;第二种卷积核自身可视化,以对卷积核学习到的特征进行理解;第三种是类激活图可视化,由热度图确定图像分类问题中哪些部分起关键作用,还可以确定物体处于图像中的位置;第四种是特征可视化,激活值不再作为卷积层的输出,图像的激活特征可视化利用反卷积与反池化来实现。

实验中利用一幅裂缝图像进行可视化,以观察其进行 CNN 操作的过程,结果如图 4.11～图 4.19 所示。

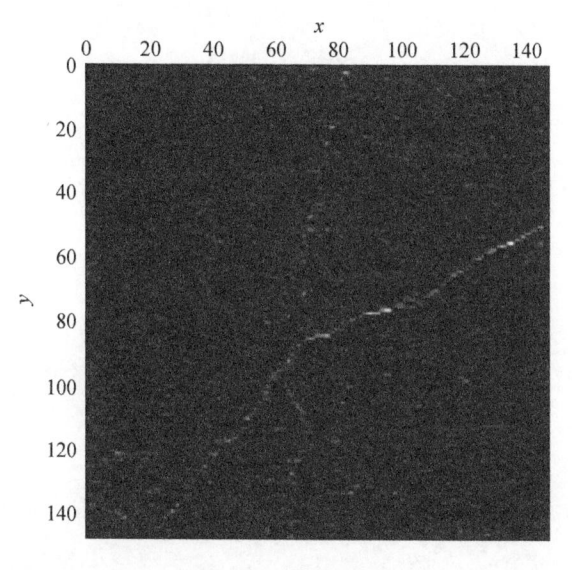

图 4.11 激活特征图

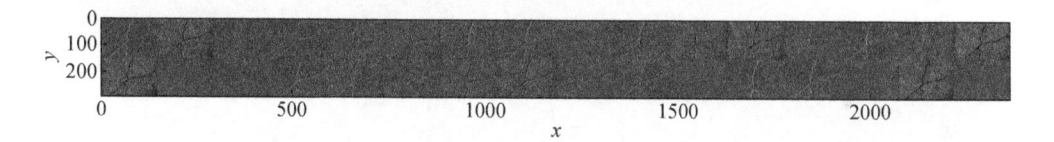

图 4.12 第一层卷积图像

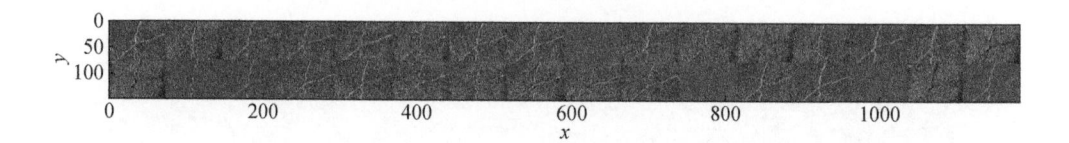

图 4.13 第一层最大池化图像

图 4.14 第二层卷积图像

图 4.15　第二层最大池化图像

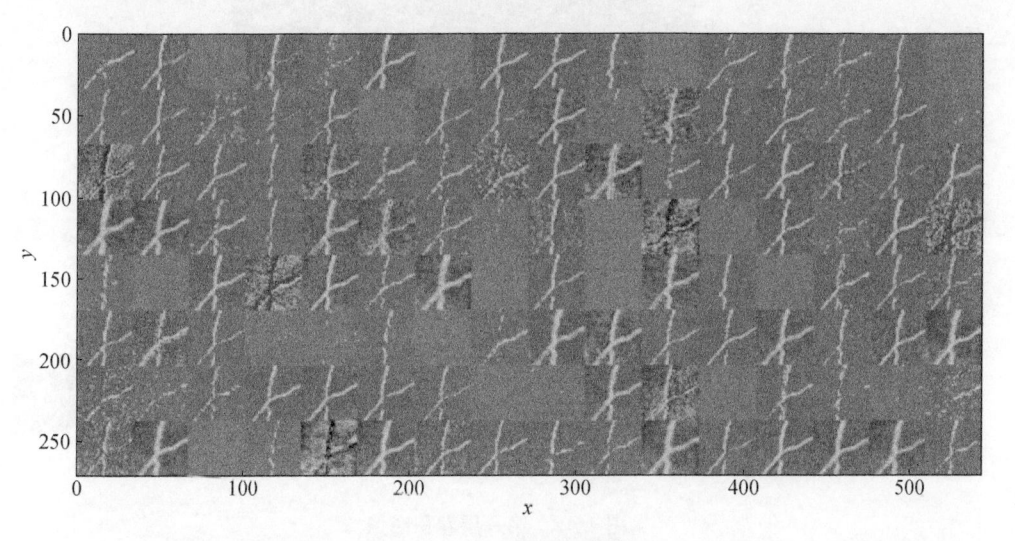

图 4.16　第三层卷积图像

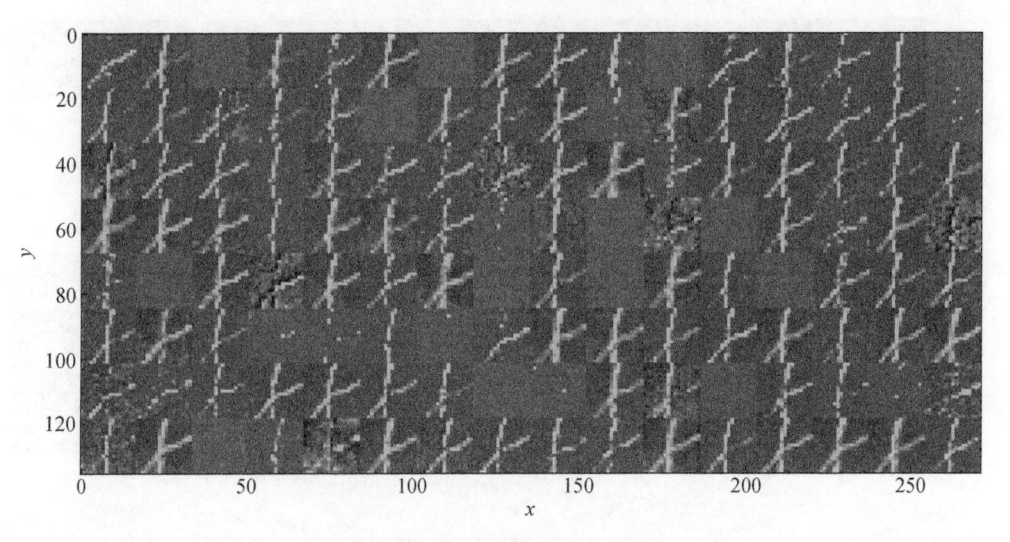

图 4.17　第三层最大池化图像

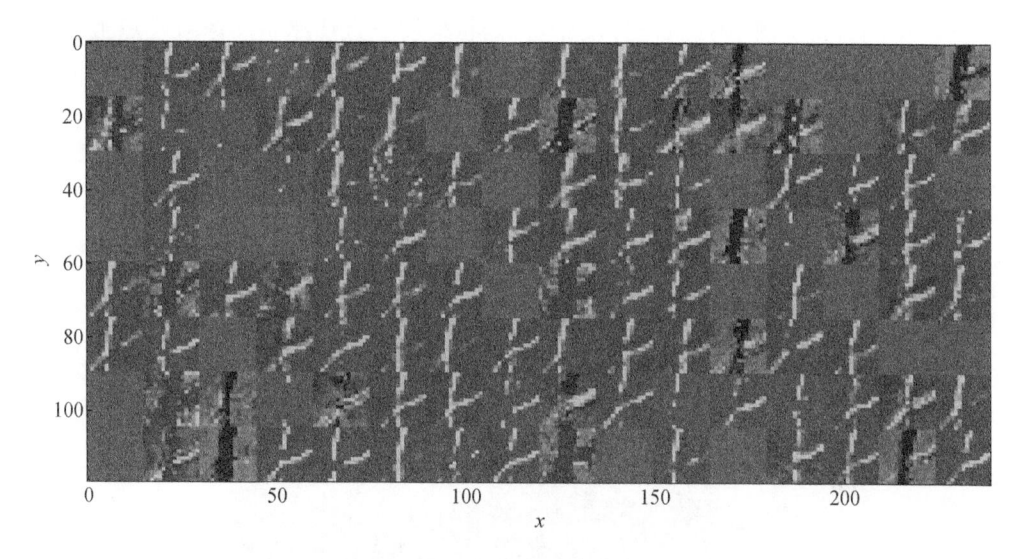

图 4.18　第四层卷积图像

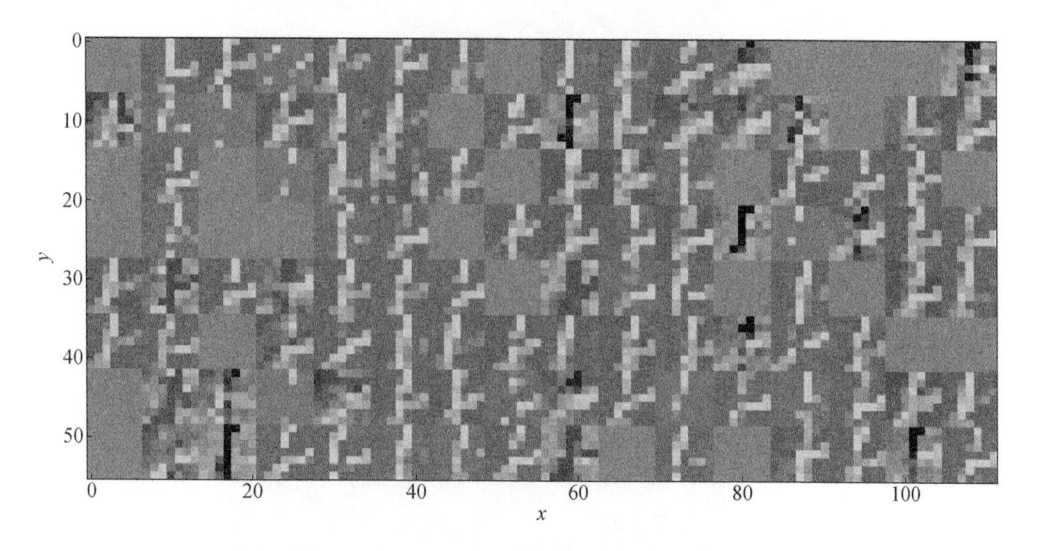

图 4.19　第四层最大池化图像

4.3　路面裂缝特征提取与分析

本实验对卷积核进行可视化,目的是通过卷积核关注原始图像哪些位置的点,其卷积核具有权重,权重大小决定了特征点,利用梯度反推就能获取特征点。特征图的输出相对于原始图像就是梯度张量,是将梯度一直往原始图像对应点上相加(梯度增加),就能得到特征关注图,对其进行标准化与可视化。随着卷积层数的增加,CNN 中的过滤器变得更加复杂和精细。在模型中,模型第一层的过滤器对应简单的方向边缘和颜色,模型第二层的过滤器对应方向边缘和颜色组合形成的简单纹理,如图 4.20 和图 4.21 所示。

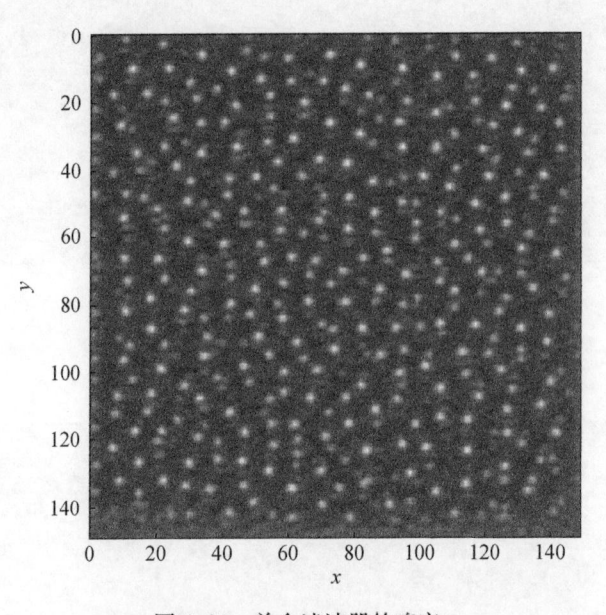

图 4.20 单个滤波器的响应

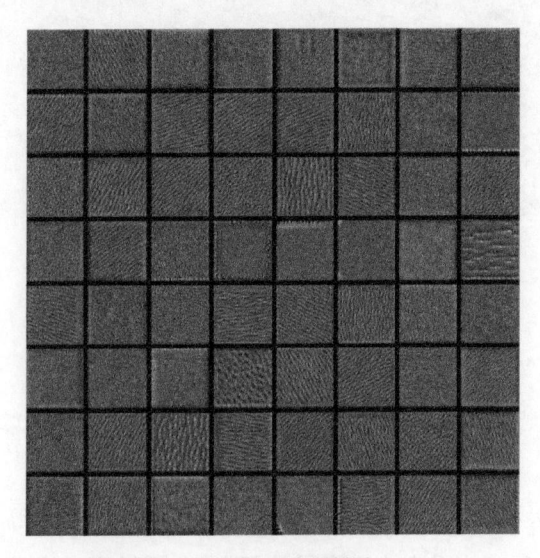

图 4.21 卷积层过滤器模式

经过可视化卷积核操作和过滤器模式输出,可观察出特征图像中已经学习到裂缝的曲线特征,但是特征较为模糊,随着网络中卷积层数的增加,获取的裂缝图像特征越来越突出,纹理越来越明显。

4.4 路面裂缝识别结果

在路面裂缝识别实验中,利用 SSD 算法迁移学习对裂缝图像进行训练,从而识别裂缝。为了保证实际应用的可靠性,准备一些独立实验数据进行训练,首先利用 LabelImg 工具对裂缝训练数据集进行标注,在标注过程中,裂缝图像中的裂缝尽量标注详细,同时保存为.xml 文件,具体操作如图 4.22 所示。

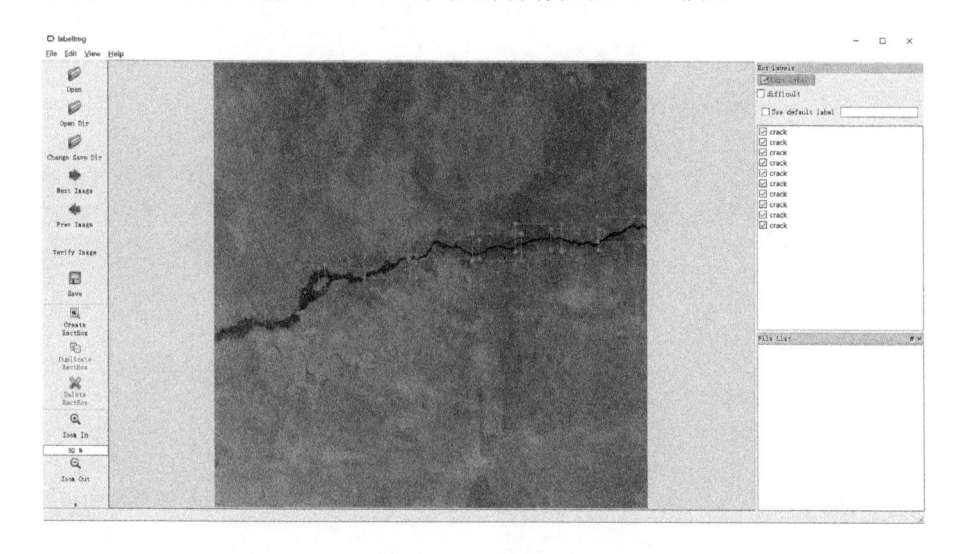

图 4.22 裂缝标注

利用 500 幅裂缝图像进行训练,图像输入格式均为.jpg,图像大小为 300×300,为了确保裂缝识别效果更佳,将训练集中的 100 幅图像进行标注,利用训练模型对标注的.xml 文件与原始图像进行训练,训练完成后,保存生成的模型。使用生成的模型对裂缝图像进行测试,得到裂缝识别结果,如图 4.23~图 4.26 所示。

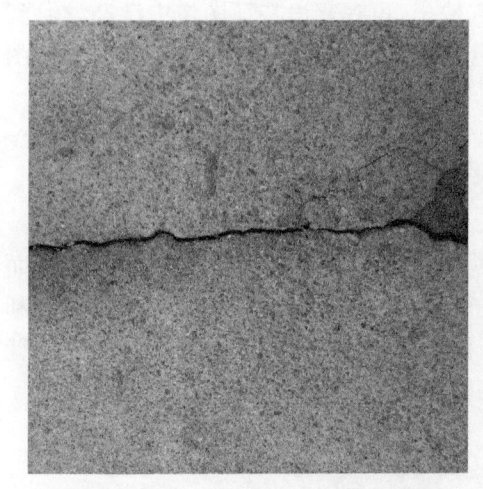

图 4.23　横向裂纹原始图像　　　　图 4.24　横向裂纹识别结果

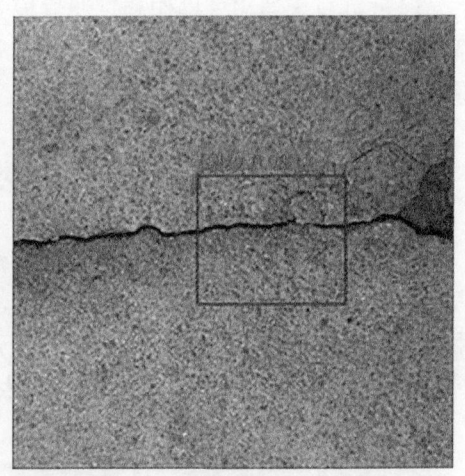

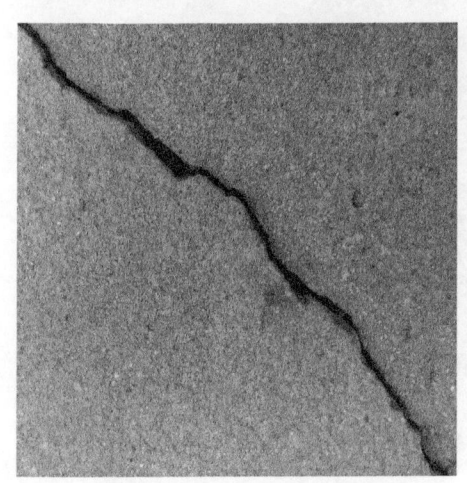

图 4.25　倾斜裂纹原始图像　　　　图 4.26　倾斜裂纹识别结果

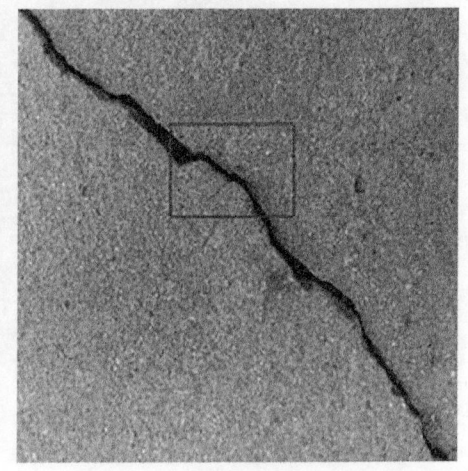

4.5　本章小结

本章利用类似 AlexNet 的 CNN 与 VGG16 网络模型的训练,判断了不同模型的精度,同时对两类模型进行了性能上的对比分析,利用生成的权重文件实现对图像的预测,分析了 CNN 的可视化过程和特征提取过程,对 CNN 的计算过程有了一个可视化的判断依据。此外,利用 SSD 算法对裂缝图像进行了识别,训练过程耗时较长,识别过程中还存在识别错误的情况,导致实验识别失败,在本书中未能取得较好的实验结果,但是对于一些特征较明显的裂缝,还是容易识别的。在利用 SSD 算法进行实验的过程中,若利用多个框标识裂缝,则会出现大概率标识错误的情况,在本书实验中识别精度低,同时识别结果也存在随机性。

第 5 章　基于改进残差网络与注意力机制的语义分割网络

利用语义分割网络设计解决目标背景不均衡问题时,旨在不断增强少数类像元的关系权重,像元权重越高,输出结果时判断为少数类像元的可能性越大。基于残差网络与注意力机制的语义分割网络,将残差网络中的普通卷积计算方式替换为空洞卷积计算方式,并且将残差网络下采样的最低分辨率设置为输入图像尺寸的 1/8,将残差网络输出结果输入注意力机制得到最终结果。

5.1　残差网络

在训练深度神经网络模型时,网络层数的增加,经常会伴随梯度弥散和梯度爆炸,从而阻止网络收敛,导致模型网络性能退化,造成精度不升反降。为了解决这个问题,研究人员提出了 ResNet[70,79,122]。ResNet 在 CNN 中引入残差模块,通过构建恒等映射来搭建深度神经网络模型,确保深层网络训练误差不大于浅层网络,从而极大地加深了深度神经网络的层数。ResNet 共有 5 种网络,按照每种网络的层数命名,分别为 ResNet-18、ResNet-34、ResNet-50、ResNet-101、ResNet-152。残差单元是构成 ResNet 的基本模块,如图 5.1 所示,图中共有两种残差单元,其中左侧的残差单元用于 ResNet-18 和 ResNet-34,右侧的残差单元用于 ResNet-50、ResNet-101、ResNet-152。

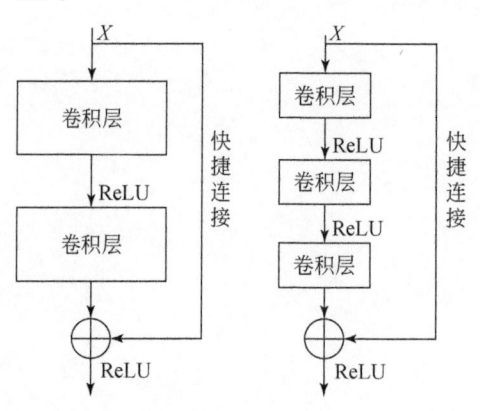

图 5.1　残差单元

凭借优越的特征提取性能，ResNet 在近些年逐渐取代 AlexNet、VGG、CoogleNet，作为骨干网络广泛应用于语义分割、目标检测、实例分割等深度学习方向。残差网络结构如表 5.1 所示，ResNet 由 1 个输入卷积模块 conv1 和 4 个残差卷积模块 conv2～conv5 构成，输入卷积模块采用 1 个 7×7×64 卷积核。4 个残差卷积模块全部采用 3×3 卷积核，每经过一个残差卷积模块通道数会增加一倍，而特征图尺寸会缩小 1/2，因此 ResNet-18 和 ResNet-34 的 conv2～conv5 的通道数分别为 64、128、256 和 512，ResNet-50、ResNet-101 和 ResNet-152 的 conv2～conv5 的通道数分别为 256、512、1024 和 2048，而特征图尺寸分别为输入图像尺寸的 1/4、1/8、1/16 和 1/32。

表 5.1　残差网络结构

网络层	特征图尺寸 ($h \times w$)	ResNet-18	ResNet-34	ResNet-50	ResNet-101	ResNet-152
conv1	1/2 ($h \times w$)	卷积核大小为 7×7，通道数为 64，步长为 2				
	1/4 ($h \times w$)	最大池化尺寸为 3×3，步长为 2				
conv2	1/4 ($h \times w$)	$\begin{bmatrix}3\times3\ 64\\3\times3\ 64\end{bmatrix}\times2$	$\begin{bmatrix}3\times3\ 64\\3\times3\ 64\end{bmatrix}\times3$	$\begin{bmatrix}1\times1\ 64\\3\times3\ 64\\1\times1\ 64\end{bmatrix}\times3$	$\begin{bmatrix}1\times1\ 64\\3\times3\ 64\\1\times1\ 64\end{bmatrix}\times3$	$\begin{bmatrix}1\times1\ 64\\3\times3\ 64\\1\times1\ 64\end{bmatrix}\times3$
conv3	1/8 ($h \times w$)	$\begin{bmatrix}3\times3\ 128\\3\times3\ 128\end{bmatrix}\times2$	$\begin{bmatrix}3\times3\ 128\\3\times3\ 128\end{bmatrix}\times4$	$\begin{bmatrix}1\times1\ 128\\3\times3\ 128\\1\times1\ 512\end{bmatrix}\times4$	$\begin{bmatrix}1\times1\ 128\\3\times3\ 128\\1\times1\ 512\end{bmatrix}\times4$	$\begin{bmatrix}1\times1\ 128\\3\times3\ 128\\1\times1\ 512\end{bmatrix}\times8$
conv4	1/16 ($h \times w$)	$\begin{bmatrix}3\times3\ 256\\3\times3\ 256\end{bmatrix}\times2$	$\begin{bmatrix}3\times3\ 256\\3\times3\ 256\end{bmatrix}\times6$	$\begin{bmatrix}1\times1\ 256\\3\times3\ 256\\1\times1\ 1024\end{bmatrix}\times6$	$\begin{bmatrix}1\times1\ 256\\3\times3\ 256\\1\times1\ 1024\end{bmatrix}\times23$	$\begin{bmatrix}1\times1\ 256\\3\times3\ 256\\1\times1\ 1024\end{bmatrix}\times36$
conv5	1/32 ($h \times w$)	$\begin{bmatrix}3\times3\ 512\\3\times3\ 512\end{bmatrix}\times2$	$\begin{bmatrix}3\times3\ 512\\3\times3\ 512\end{bmatrix}\times3$	$\begin{bmatrix}1\times1\ 512\\3\times3\ 512\\1\times1\ 2048\end{bmatrix}\times3$	$\begin{bmatrix}1\times1\ 512\\3\times3\ 512\\1\times1\ 2048\end{bmatrix}\times3$	$\begin{bmatrix}1\times1\ 512\\3\times3\ 512\\1\times1\ 2048\end{bmatrix}\times3$

注：输入图像尺寸为 $h \times w$。

5.2　注意力机制

深度学习中的注意力机制与人类的注意力机制类似，人类视觉通过快速扫描目标或场景的全局信息获得需要的感兴趣区域，进而对感兴趣区域投入更多的关注度。注意力机制在 20 世纪 90 年代被提出，由于当时计算机软硬件及计算机视觉技术还不成熟,因此该机制没有得到进一步的发展。2014年,Google DeepMind团队重新将注意力机制应用于深度学习的循环神经网络中进行图像分类[123],再次将注意力机制带入人们的视野中。注意力机制是深度学习中的一种特征权重增强模块,旨在通过增强局部特征与全局特征的上下文关系来提高目标类别的分割权重。注意力机制可以通过不断增强目标类别的权重,解决目标类别像元数量与其他类别像元数量不均衡造成的分割精度低的问题。

注意力机制计算流程如图5.2所示,输入一个和深度学习任务像元组中的像元查询索引Query,分别计算Query与其他像元Key1~Key4间的注意力分布Value1~Value4,根据加权平均的方式计算出最终的注意力值Attention value,这个过程称为寻址[124]。

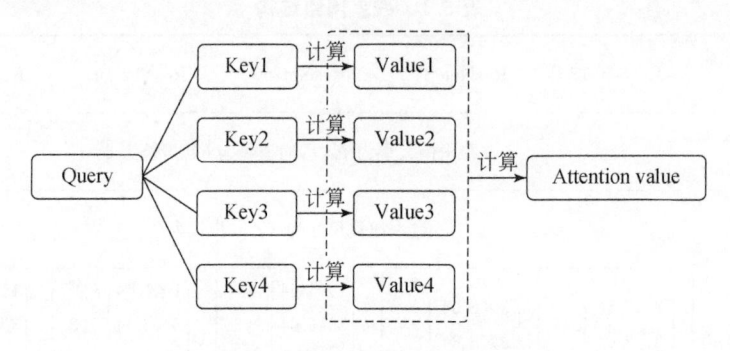

图5.2 注意力机制计算流程

注意力机制计算分为三个步骤:输入像元组信息;计算输入像元与其他像元之间的注意力分布;通过加权平均的方式计算出注意力值。假设输入像元组由N个像元组成,表示为$[x_1,x_2,\cdots,x_N]$,根据式(5.1)可以计算出第i个像元的注意力分布α_i,其中$s(x_i,\text{Query})$是注意力机制的打分函数。

$$\alpha_i = \text{softmax}(s(x_i,\text{Query})) = \frac{\exp(s(x_i,\text{Query}))}{\sum_{j=1}^{N}\exp(s(x_j,\text{Query}))} \tag{5.1}$$

常见的注意力机制的打分函数由加型函数、点积函数、缩放点积函数和双线性函数构成,计算公式依次为

$$\begin{aligned}
s(x_i,\text{Query}) &= v^{\text{T}} \cdot \tanh(W \cdot x_i + U \cdot \text{Query}) \\
s(x_i,\text{Query}) &= x_i^{\text{T}} \cdot \text{Query} \\
s(x_i,\text{Query}) &= \frac{x_i^{\text{T}} \cdot \text{Query}}{\sqrt{d}} \\
s(x_i,\text{Query}) &= x_i^{\text{T}} \cdot W \cdot \text{Query}
\end{aligned} \tag{5.2}$$

式中，v、W、U 为深度学习网络的学习参数；d 为输入像元组的维度。

当注意力机制值是输入索引为 Query 的像元时，第 i 个像元的受关注程度采用软注意力机制计算方式，即

$$\mathrm{att} = \sum_{i=1}^{N} \alpha_i x_i \tag{5.3}$$

注意力机制还包括很多变种：硬注意力机制、位置注意力机制、输入序列注意力机制以及自注意力机制。其组合结构包括协同注意力机制、层叠式注意力机制、多头注意力机制[125]。

注意力机制广泛应用于图像识别（语义分割、目标检测以及全景分割等）、语音识别、自然语言处理（机器翻译、文本摘要、问答系统等）中[125]，较为典型的注意力机制有 SENet[126]、PANet[127] 等网络，如图 5.3 所示。

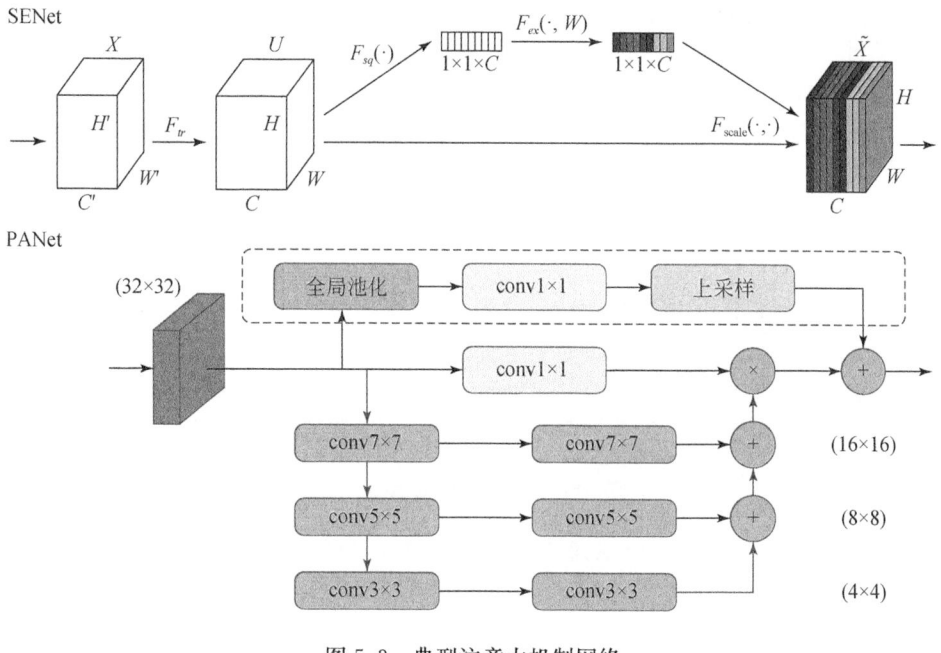

图 5.3 典型注意力机制网络

5.3 带空洞卷积的残差网络

ResNet 通过构建恒等映射来搭建深度神经网络模型，确保深层网络训练误差不会大于浅层网络，从而极大地加深深度神经网络的层数。本书的网络设计采用 ResNet 作为骨干网络，为了更好地提升特征提取性能，将空洞卷积引入网络中。

ResNet 中的 4 个残差卷积模块全部采用 3×3 卷积核,每经过一个残差卷积模块,通道数增加一倍而特征图尺寸缩小 1/2,特征图尺寸分别为输入图像的 1/4、1/8、1/16 和 1/32,采用不同残差单元的残差网络的通道数不同。为了减少由下采样造成的信息损失,将残差模块 5.4(a)的 conv4 和 conv5 替换为带空洞卷积的残差模块 5.4(b)的 conv4 和 conv5。与普通的 ResNet 相比,输入特征图的通道数仍然会增加一倍,但特征图尺寸不再缩小,因此残差卷积模块 conv2~conv5 的通道数不变,而特征图尺寸变为输入图像尺寸的 1/4、1/8、1/8 和 1/8,以降低信息损失。空洞卷积可以扩大卷积过程的感受野并降低卷积的计算量。另外,将输入卷积模块 conv1 的输出通道数由 64 改为 128。

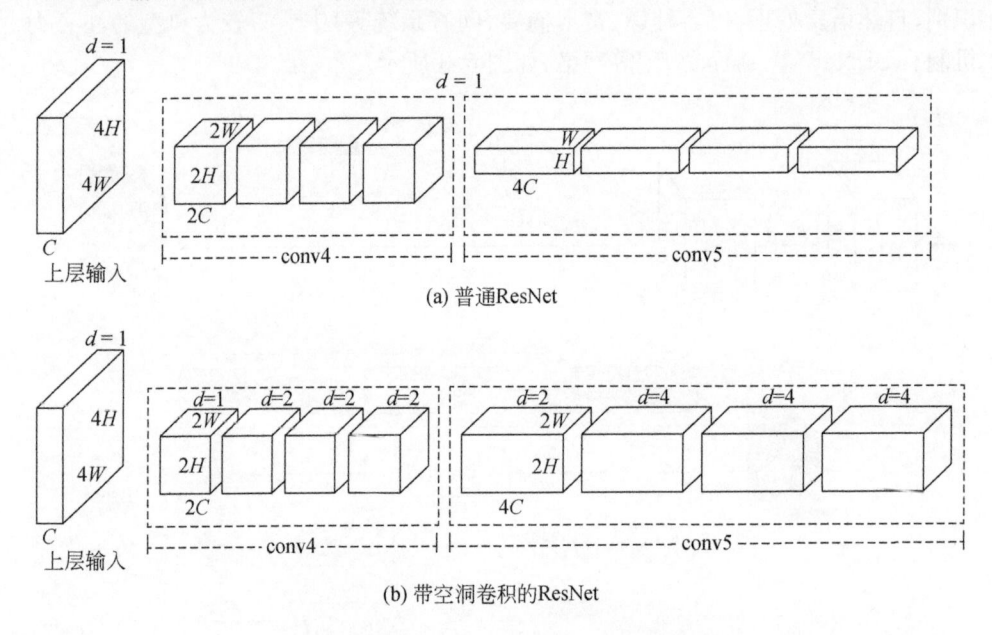

图 5.4 普通 ResNet 与带空洞卷积的 ResNet

注:H 和 W 分别代表特征图的高和宽;C 代表特征图的通道数;d 代表空洞卷积像素间的像素个数

残差网络主要由 ResNet-18、ResNet-34、ResNet-50、ResNet-101、ResNet-152 构成,而这五种残差网络的关键区别在于残差模块 conv2~conv5 中调用残差单元数量不同,而特征图大小和通道数变化都是相同的。因此,在后续章节中,将通过消融实验来验证带空洞卷积的五种残差网络中最优的骨干网络,并且将验证网络模型是否随着网络层数的增多,最终得到的语义分割性能越好。

5.4 Non-Local 计算模式的注意力机制

为了进一步提取道路裂缝的高级特征,实验引入另一种基于 Non-Local 计算模式的注意力机制(non-local attention,NL-A)[128],如图 5.5 所示。该注意力机制由通道注意力模块(channel attention module,CAM)和空间注意力模块(spatial attention module,SAM)构成,其中 CAM 会计算每一个通道与所有通道的依赖关系,并通过加权求和方式确定每一个通道的关系权值,加权求和方式由当前通道与任一通道的特征相似性决定;SAM 则会计算空间中每个位置与所有位置的依赖关系,同样通过加权求和方式确定空间中每一个位置的关系权值,加权求和方式由当前位置与所有位置的特征相似性决定。这两种模块结合(矩阵加法)后可以在局部特征与全局特征上建立丰富的上下文关系,有利于剔除冗余、准确定位与恢复道路裂缝的细节信息。网络在进入 NL-A 模块时,特征图的通道数为 2048,特征图的高和宽分别为输入图像高和宽的 1/8,假定输入图像的高和宽分别为 H 和 W,则此时输入矩阵为 $[2048, H/8, W/8]$。下面以矩阵变化为例来介绍 CAM 和 SAM。

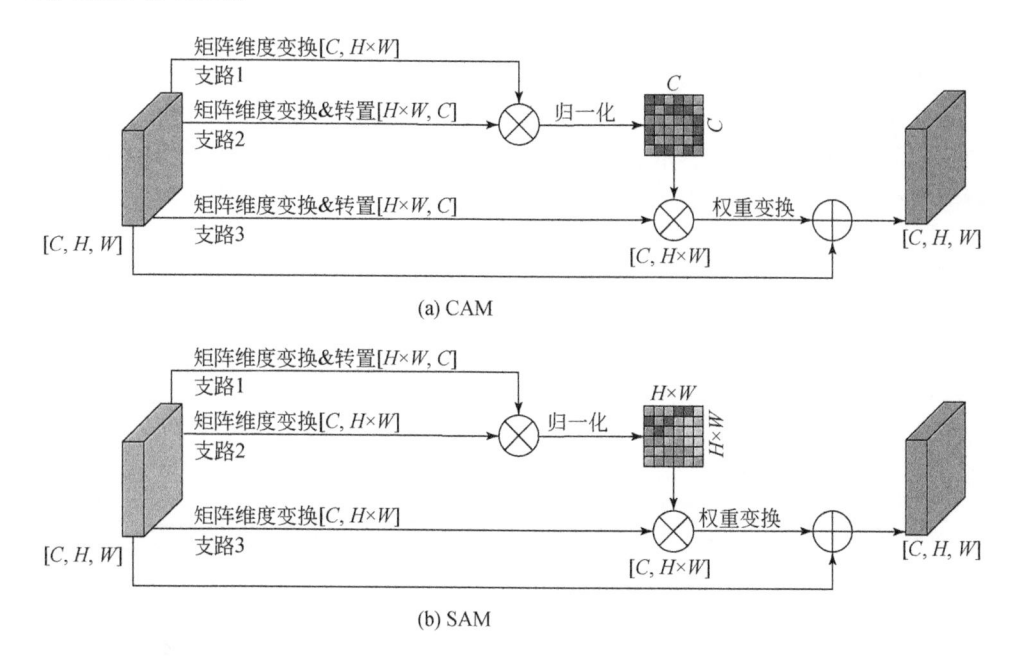

(a) CAM

(b) SAM

图 5.5 NL-A 模块

CAM：首先将输入特征图分为三个支路，每个支路的初始矩阵为$[2048,H/8,W/8]$，对第一支路进行矩阵维度变换，得到$[2048,H/8×W/8]$，对第二支路和第三支路进行矩阵维度变换，得到$[2048,H/8×W/8]$，并转置为$[H/8×W/8,2048]$；其次将第一支路和第二支路进行矩阵乘法运算，得到$[2048,2048]$；再次将上一步的输出与第三支路进行矩阵乘法运算，得到$[2048,H/8×W/8]$；最后进行矩阵维度变换，得到$[2048,H/8,W/8]$。

SAM：首先将输入特征图分为三个支路，每个支路初始矩阵为$[2048,H/8,W/8]$，对第一支路进行矩阵维度变换，得到$[2048,H/8×W/8]$并转置为$[H/8×W/8,2048]$，对第二支路和第三支路进行矩阵维度变换，得到$[2048,H/8×W/8]$；其次将第一支路和第二支路得到的结果进行矩阵乘法运算，得到$[H/8×W/8,H/8×W/8]$；再次将第三支路与上一步输出结果的转置进行矩阵乘法运算，得到$[2048,H/8×W/8]$；然后对上一步结果进行矩阵维度变换，得到最终输出维度$[2048,H/8,W/8]$；最后，将通道注意力机制和空间注意力机制进行矩阵加法运算，得到输出结果$[2048,H/8,W/8]$。

5.5 网络模型设计

本节基于改进带空洞卷积的残差网络与 NL-A 模块，设计了一种改进残差网络与注意力机制的语义分割网络，旨在通过提升道路裂缝像元的关系权重来实现道路裂缝检测，如图 5.6 所示。该模型由三部分组成：基于 ResNet 的低级和中级裂缝特征提取骨干网络、空洞卷积结构、基于 NL-A 的高级特征提取模块。

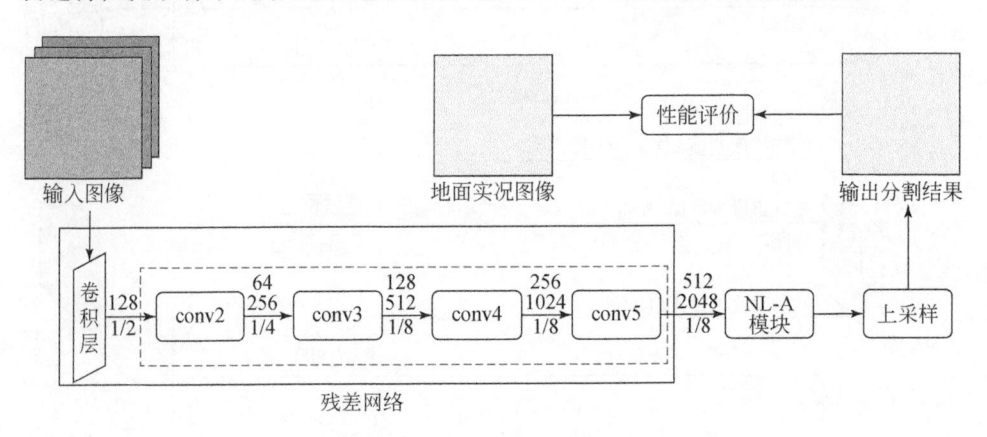

图 5.6　基于残差网络与注意力机制的语义分割网络

该网络模型按如下方式设计：

（1）以 ResNet 为基础网络，该网络由 4 个残差组构成，这 4 个残差组分别包含 3、4、23、3 个残差块（共 33 个）。

（2）基于 ResNet 基础网络，将残差组中的普通卷积替换为空洞卷积，这样可以提高网络模型的感受野、降低计算量以及更好地捕获上下文信息。

（3）将 NL-A 嵌入带空洞卷积的 ResNet 尾部，该机制利用局部特征与全局特征上下文信息之间的关系，不仅可以继续增加道路裂缝的关系权值，还可以剔除冗余，最终提高检测精度。

（4）通过上采样将特征图恢复到输入图像大小，得到最后的道路裂缝检测结果。

5.6 训练参数

本实验采用 SGD 作为优化器，softmax_cross_entropy 作为模型训练的损失函数，其他实验训练参数如表 5.2 所示。

表 5.2 实验训练参数

训练参数	参数值
初始学习率	0.0001
训练迭代次数	24900
batch_size	4
crop_size	360
epochs	50

5.7 评价指标

实验采用平均交并比（mean intersection over union，MIoU）、像素精确度（pixel accuracy，PA）和迭代时间对道路裂缝检测结果进行定量评价[129]。在定量比较不同模型的性能时，三个评价指标的优先级为 MIoU＞PA＞迭代时间。

MIoU 是语义分割中衡量分割精度的重要度量，解释为一个类别真实值和预测值的交集与并集之比。在计算一幅图像的 MIoU 时，需要分别计算每个类别的 MIoU，然后计算所有类别的 MIoU，MIoU 越大，表示分割效果越好，具体表达式为

$$\mathrm{MIoU} = \frac{1}{k+1} \sum_{i=0}^{k} \frac{p_{ii}}{\sum_{j=0}^{k} p_{ij} + \sum_{j=0}^{k} p_{ji} - p_{ii}} \qquad (5.4)$$

式中，k 为类别数；p_{ii} 为像素实际类别为 i 且预测为 i 的数量；p_{ij} 为像素实际类别为 j 但预测为 i 的数量；p_{ji} 为像素实际类别为 i 但预测为 j 的数量。

PA 是指预测正确的像素数量与像素总量的比值，具体表达式为

$$\mathrm{PA} = \frac{p}{s} \qquad (5.5)$$

式中，p 为分类正确的像素数量；s 为像素总数。PA 越大，模型精度越高，分割效果越好。

迭代时间是指每次抽取固定数量图像所需的训练时间，所用训练迭代时间越短，模型计算量越少、训练效率越高。

5.8 数 据 集

实验首先选择了目标背景不均衡的公共道路裂缝数据集 CRACK500[130]，该数据集图像中裂缝粗细相差较大且背景较为复杂、干扰较多。数据集示例如图 5.7 所示，每幅道路裂缝病害图像都有对应的真实分割图，用于监督学习。

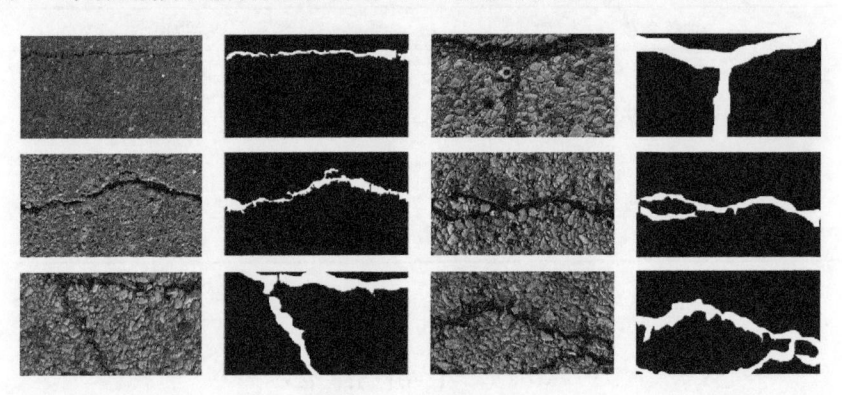

图 5.7　数据集示例

从该道路裂缝数据集中共获取了 2817 幅原始图像及其对应的真实分割图，图像分辨率为 640×360×3。将所有图像随机划分为训练集（1992 幅）、验证集（500 幅）和测试集（325 幅）。为了提高模型的训练性能，训练时先在原始裂缝病害图像的基础上进行颜色变换，再将每幅 640×360×3 图像由随机裁剪为若干幅 360×360×3 图像，360 由图像的长和高的最小值所限定。

5.9 实验分析

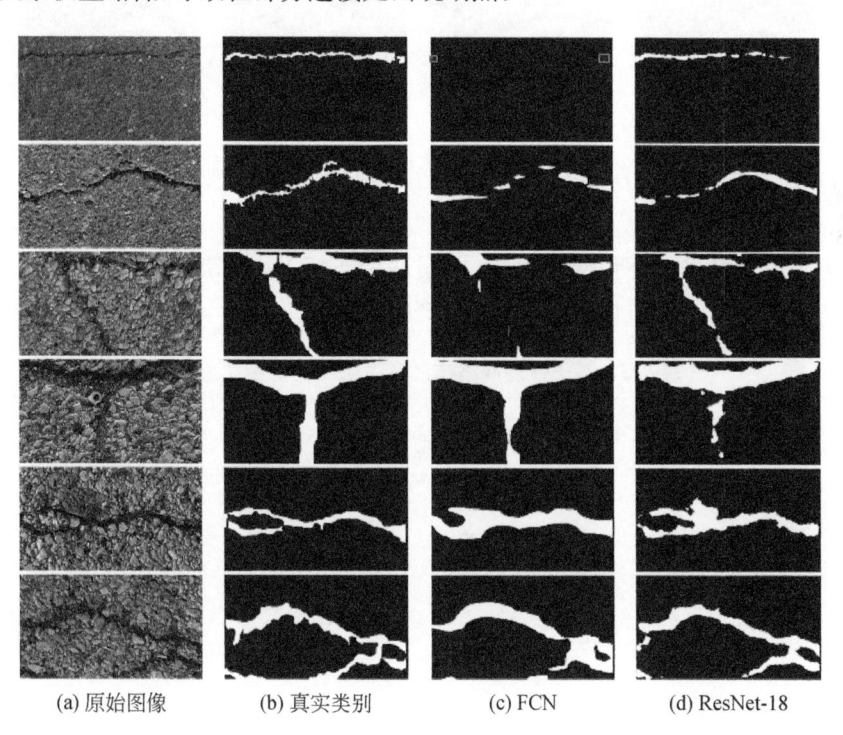

为了验证基于残差网络与注意力机制的语义分割网络对目标背景不均衡数据的有效性，从测试数据中选取了 6 幅图像进行模型性能评价。实验以 FCN 为参考，分别将其与以 ResNet-18、ResNet-34、ResNet-50、ResNet-101、ResNet-152 为骨干网络的网络模型进行对比实验。定性结果如图 5.8 所示，从图中可以看出，无论是简单图像还是复杂图像，在目标背景不均衡数据中 FCN 模型都存在较多的漏检、误检问题，分割效果较差。另外，FCN 不易识别较细小的特征，如在图 5.8(c) 的第一幅图像中，只识别出了极少的裂缝特征，用矩形框圈出。以 ResNet-18、ResNet-34、ResNet-50、ResNet-152 为骨干网络的网络模型，相比于 FCN 分割效果较好，但仍然存在很多漏检、误检问题。以 ResNet-101 为骨干网络的网络模型对目标背景不均衡数据具有较好的分割效果，漏检、误检问题较少，分割效果较好，但是关系权重略低，导致在部分连接处出现断点。

(a) 原始图像　　　(b) 真实类别　　　(c) FCN　　　(d) ResNet-18

(e) ResNet-34　　(f) ResNet-50　　(g) ResNet-101　　(h) ResNet-152

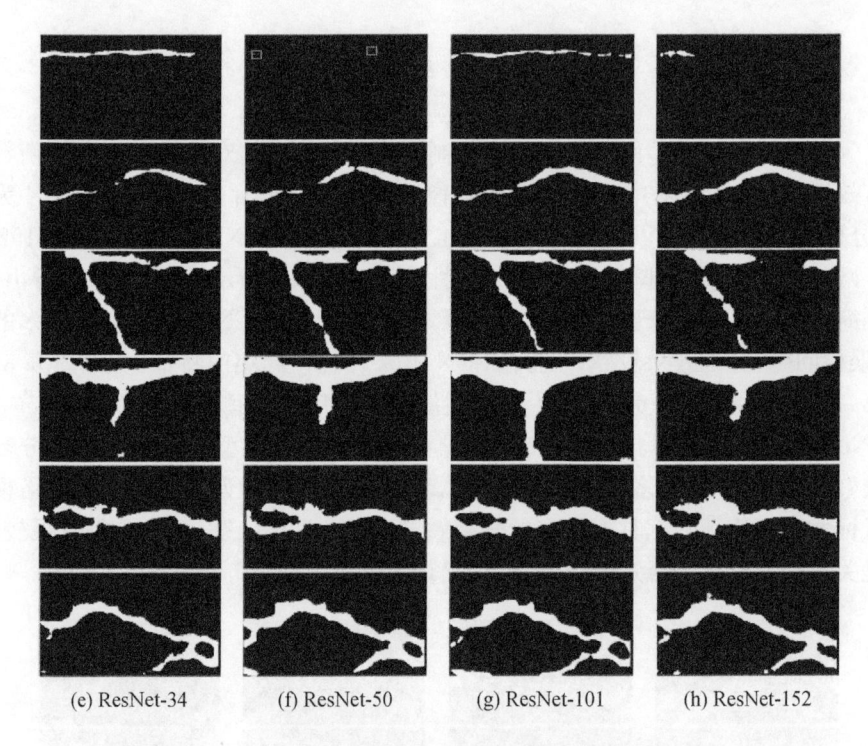

图 5.8　基于残差网络与注意力机制的定性结果对比

为了更加精确地评估网络模型,根据评价指标 PA、MIoU 以及迭代时间对这六种网络模型进行定量评价。所有模型的具体结果如表 5.3 所示。

表 5.3　基于残差网络与注意力机制的定量结果对比

未使用空洞卷积的残差网络	PA/%	MIoU/%	迭代时间/s
FCN	90.94	71.61	**0.0709**
ResNet-18	**93.37**	74.79	0.3284
ResNet-34	91.58	74.79	0.4890
ResNet-50	93.25	74.55	0.6343
ResNet-101	90.87	**76.94**	1.2949
ResNet-152	92.99	73.49	1.2410

注:加粗数据表示评价指标中的最优结果。

FCN 模型性能较差,PA 和 MIoU 都较低,分别为 90.94% 和 71.61%,PA 只比 ResNet-101 作为骨干网络时高 0.07%,但 MIoU 比 ResNet-101 作为骨干网络

时低 5.33%,这也与其定性结果一致。另外,FCN 的迭代时间最短,每次训练时的迭代时间为 0.0709s,这是由于该网络相较于其他网络层数低、计算量小。当以 ResNet-101 为骨干网络时,模型的 PA、MIoU、迭代时间分别为 90.87%、76.94%、1.2949s。虽然 ResNet-101 作为骨干网络时 PA 最低、迭代时间最长,但 MIoU 最高。结合定性评价结果可以判断出,ResNet-101 模型分割性能最优,这也说明 MIoU 指标的重要性比 PA 和迭代时间高。需要说明的是,模型训练的迭代时间与计算机设备和网络模型的计算量有关,因此该指标在评估性能中只作为参考。

5.10 本章小结

本章通过分析残差网络、注意力机制的基本原理,以空洞卷积改进的残差网络与 NL-A 为基础,设计了一种基于 FCN 的残差语义分割网络。对比定性和定量结果可以看出,该网络在目标背景不均衡数据集中具有较好的特征提取效果。

为了解决目标背景不均衡数据分割精度低的问题,本章设计了一种基于改进残差网络与注意力机制的语义分割网络。首先将空洞卷积引入原始残差网络,并提高下采样过程的特征图分辨率,从而获得改进的残差注意力机制。以改进的残差网络为骨干网络,加入 NL-A 模块构建语义分割网络。对比 FCN 与不同残差网络为骨干网络时的网络性能,结果表明,将 ResNet-101 作为骨干网络时,网络模型性能最优。另外,基于改进 ResNet-101 与注意力机制的语义分割网络的 MIoU 比 FCN 高出 5.33%。

第 6 章 结合双注意力机制的语义分割网络

基于残差网络与注意力机制的语义分割网络可以较好地提取目标背景的不均衡数据特征,但在细节信息提取方面还有所欠缺。结合双注意力机制构建语义分割网络,可以将像元的关系权重持续提高,能够更加有效地提取上下文信息,而且改进后的残差注意力机制降低了参数计算量,提高了模型训练效率。

6.1 残差注意力机制

为了更好地提升神经网络的低级特征和中级特征的提取性能,实验引入一种轻量型注意力机制[131]来改进 ResNet 中的残差模块,使之进行连续的特征融合,不断地提高分割对象的权值,以达到提升分割精度的目的。如图 6.1 所示,引入 CAM 和 SAM,将其嵌入深度学习网络,并与深度学习网络一起进行端到端的训练。该 CAM 与 SAM 在若干运算方向上矩阵之间存在元素个数不一致的问题,因此在运算时采用了广播机制,有利于提升深度学习的运算性能。

CAM 设计模式和 SAM 设计模式分别描述如下。

(1)CAM 设计模式。首先分别对输入的特征图进行全局平均池化和全局最大池化;然后将两种池化结果分别输入到多层感知机;接着将这两部分结果进行矩阵加法运算;最后与输入的特征图矩阵进行点乘运算得到通道注意力特征。

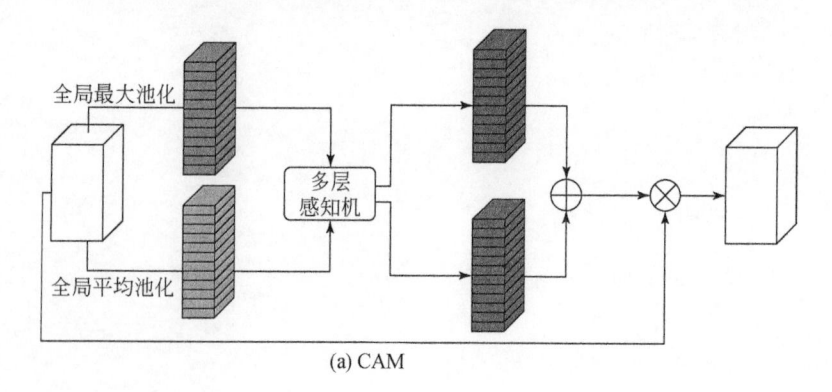

(a) CAM

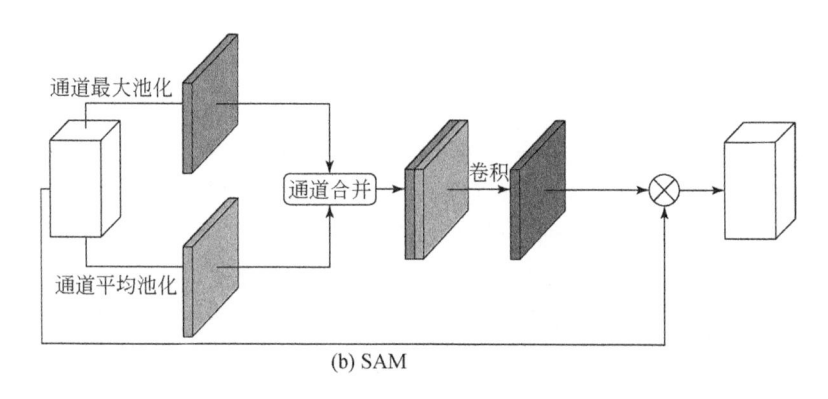

图 6.1 CAM 与 SAM 网络示例

(2)SAM 设计模式。首先对输入的特征图进行通道维度上的最大池化和平均池化;然后将两种池化结果通道合并后进行 7×7 卷积操作;最后将卷积结果与输入的特征图进行矩阵点乘运算,得到空间注意力特征。

本实验在该注意力机制的 CAM-SAM 串联模式的基础上,额外增加 SAM-CAM 串联模式和 CAM 与 SAM 并联模式(矩阵加法),通过道路裂缝分割实验来确定分割效果最优的组织模式。如图 6.2 所示,选择一种 CAM 和 SAM 的组织模式嵌入残差模块的尾部,组成 Res-A 模块,带空洞卷积的 ResNet-101 共包含 33 组残差模块,共组成 33 组 Res-A 模块。

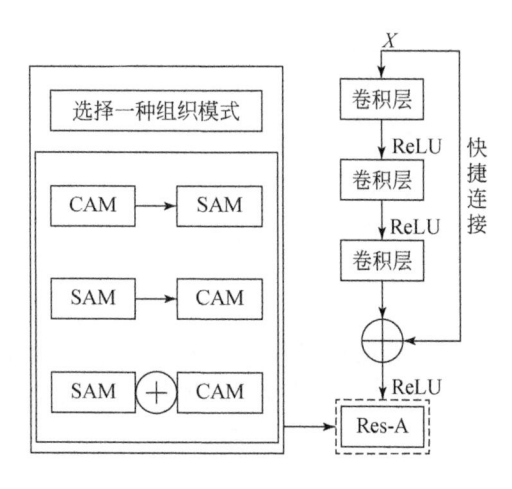

图 6.2 残差注意力机制示例

6.2 网络模型设计

结合双注意力机制的语义分割网络如图 6.3 所示,将基于残差网络与注意力机制的语义分割网络中的残差单元替换为残差注意力机制,替换位置在图中用虚线矩形框标出。残差注意力机制可以使网络模型不断提高少数类像元的关系权重,可以更有效地提取上下文信息。64 表示图像的高和宽(高 H 和宽 W 相等);256 表示特征图的个数,也就是特征图的输出维度。每个模块都会采用卷积、池化等操作,尺寸会发生变化,根据每次变换之后的结果乘以 1/4,保证输出尺寸大小不发生变化。依此类推。

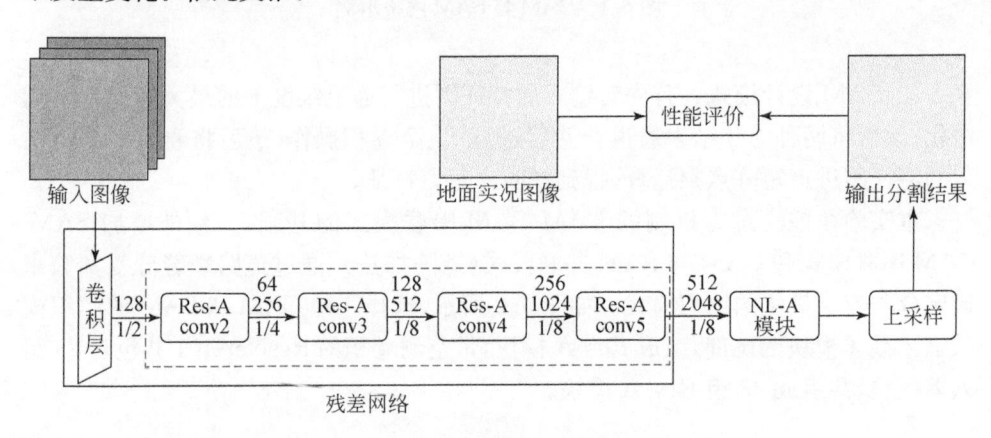

图 6.3 结合双注意力机制的语义分割网络

6.3 实验结果分析

6.3.1 空洞卷积消融实验

在设计网络时将改进后带有空洞卷积的 ResNet 作为骨干网络,为了确定空洞卷积的有效性以及残差网络达到多少层时网络模型语义分割性能最好,实验在图 6.3 网络结构的基础上分别进行了关于空洞卷积与残差网络层数的消融实验。

为验证空洞卷积的有效性,残差网络中未使用空洞卷积时,分别将 ResNet-18、ResNet-34、ResNet-50、ResNet-101、ResNet-152 作为骨干网络进行语义分割,定性结果如图 6.4 所示。从图中可以看出,在未使用空洞卷积时,无论是简单图像

第 6 章 结合双注意力机制的语义分割网络 ・85・

(a) 原始图像　　(b) 真实类别　　(c) ResNet-18　　(d) ResNet-34

(e) ResNet-50　　(f) ResNet-101　　(g) ResNet-152

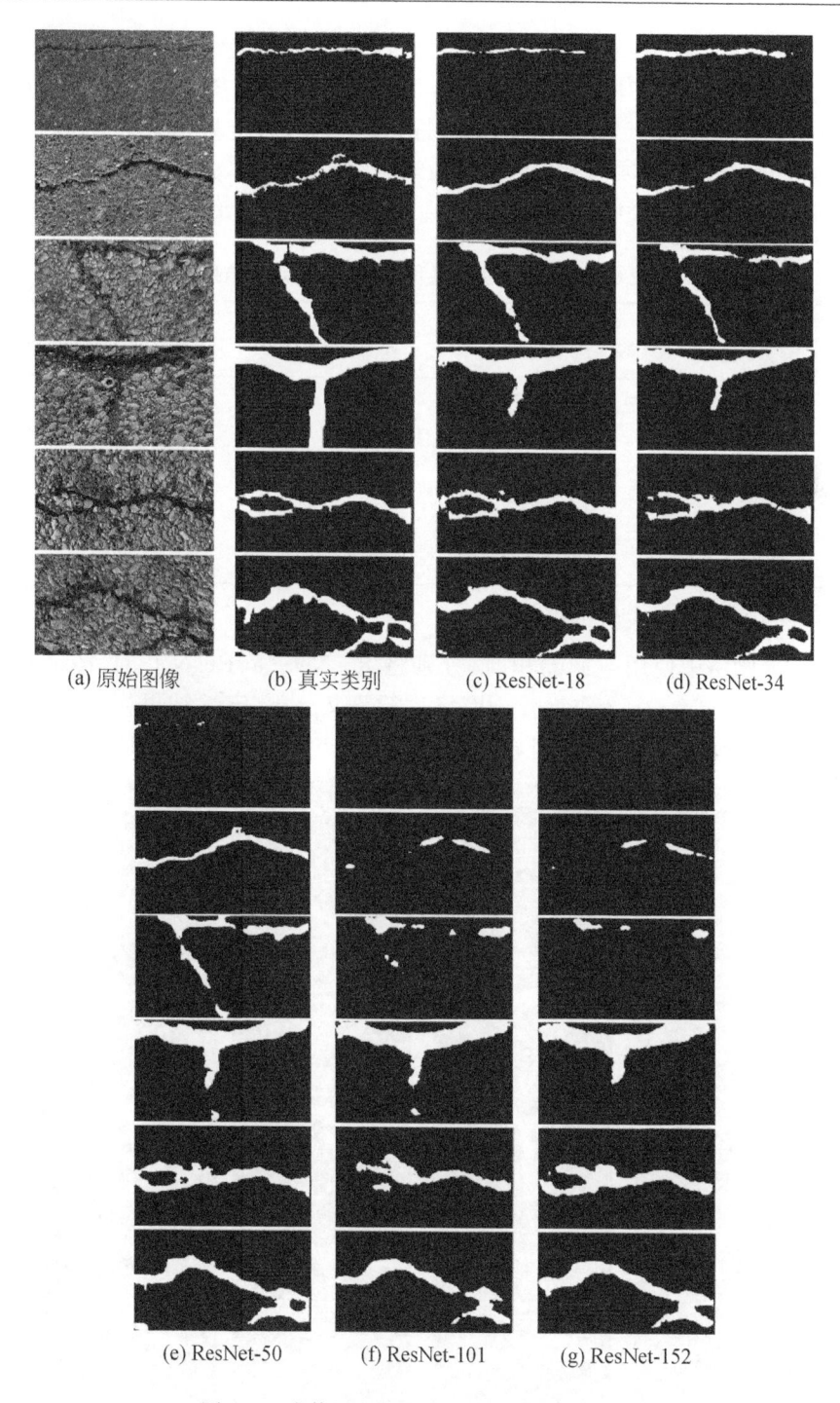

图 6.4 未使用空洞卷积时语义分割定性结果

还是复杂图像,语义分割结果都出现了大量的错检、漏检现象,分割性能较差。

当残差网络中未使用空洞卷积时,分别将 ResNet-18、ResNet-34、ResNet-50、ResNet-101、ResNet-152 作为骨干网络进行语义分割,定量结果如表 6.1 所示。从表中可以看出,ResNet-18 作为骨干网络时的 PA 最高,为 94.51%;ResNet-50 的 MIoU 最高,为 75.59%;迭代时间呈现出随网络层数的增加而增加的趋势。

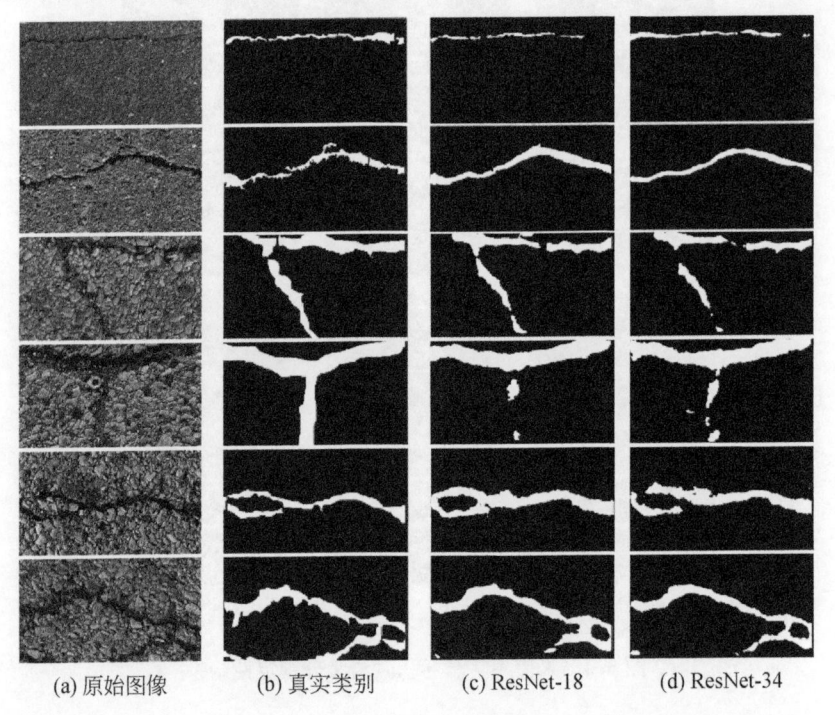

表 6.1 未使用空洞卷积时语义分割定量结果

未使用空洞卷积的残差网络	PA/%	MIoU/%	迭代时间/s
ResNet-18	**94.51**	74.38	**0.3983**
ResNet-34	93.44	73.91	0.5742
ResNet-50	93.45	**75.59**	1.0044
ResNet-101	89.70	72.63	1.8053
ResNet-152	89.76	71.57	2.0533

注:加粗数据表示评价指标中的最优结果。

当残差网络中使用空洞卷积时,分别将 ResNet-18、ResNet-34、ResNet-50、ResNet-101、ResNet-152 作为骨干网络进行语义分割,定性结果如图 6.5 所示。从图中可以看出,当使用空洞卷积时,将 ResNet-18、ResNet-34、ResNet-50、

(a) 原始图像　　(b) 真实类别　　(c) ResNet-18　　(d) ResNet-34

(e) ResNet-50　　(f) ResNet-101　　(g) ResNet-152

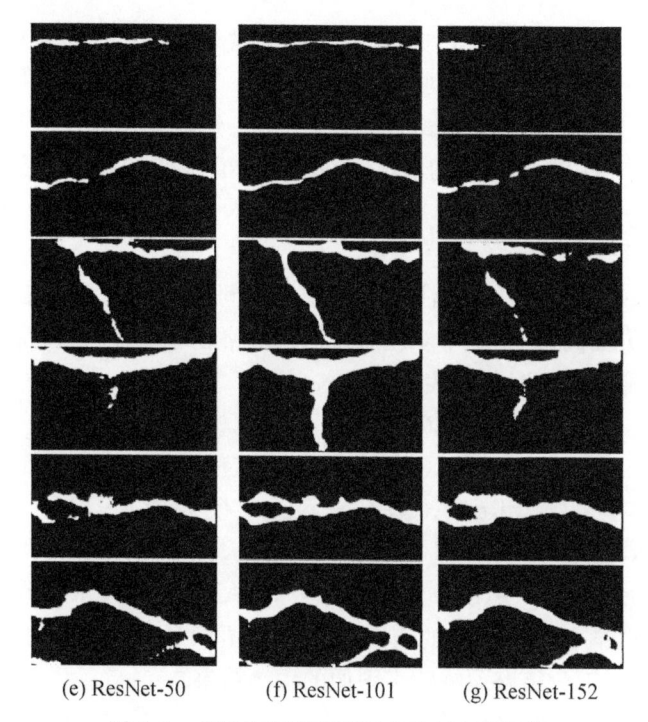

图 6.5　使用空洞卷积时语义分割定性结果

ResNet-152 作为骨干网络,无论是简单图像还是复杂图像,语义分割结果都出现了大量的错检、漏检现象,分割性能较差;当骨干网络为 ResNet-101 时,在简单图像和复杂图像中只出现了少量的漏检和误检,表现出了较好的语义分割性能。

当采用空洞卷积时,分别将 ResNet-18、ResNet-34、ResNet-50、ResNet-101、ResNet-152 作为骨干网络进行语义分割,定量结果如表 6.2 所示。从表中可以看出,将 ResNet-101 作为骨干网络时 PA 和 MIoU 最优,分别为 93.88% 和 79.28%;迭代时间呈现出与未使用空洞卷积时不一致的结果,使用空洞卷积后模型训练迭代时间大大提高,大幅度提升了网络模型的训练效率。

表 6.2　使用空洞卷积时语义分割定量结果

不同层数的残差网络	PA/%	MIoU/%	迭代时间/s
ResNet-18	92.06	76.25	0.4019
ResNet-34	92.41	75.50	**0.1704**
ResNet-50	93.27	74.91	0.8157
ResNet-101	**93.88**	**79.28**	0.4904
ResNet-152	92.34	74.62	1.1700

注:加粗数据表示评价指标中的最优结果。

从未使用空洞卷积与使用空洞卷积时的定量结果与定性结果中可以看出,在结合双注意力机制的语义分割网络中,将ResNet-101作为骨干网络且使用空洞卷积时,网络模型的语义分割性能最好,得到的语义分割效果漏检、误检较少,PA与MIoU分别比未使用空洞卷积的最优网络模型高出0.45%和3.69%。

6.3.2 残差注意力不同结构性能分析

为比较Res-A模块中通道注意力机制和空间注意力机制的三种组织模式在道路裂缝检测方面的性能,基于双注意力机制道路裂缝检测网络,将比较三种组织模式的道路裂缝检测情况分别表示为

$$Res-A(C \rightarrow S) + NL-A(模型1)$$
$$Res-A(S \rightarrow C) + NL-A(模型2)$$
$$Res-A(S \oplus C) + NL-A(模型3)$$

式中,"→"表示按照前后顺序进行串联;"⊕"表示将两者并联并执行矩阵加法运算;C和S分别表示Res-A模块中的CAM和SAM;"+"表示在其后连接NL-A模块。选用测试集中不同类型的道路裂缝病害图像对比模型1和模型3的有效性,图6.6给出了部分道路裂缝病害图像的检测结果。

由图6.6(a)~图6.6(e)可以看出,当图像中裂缝较细或背景干扰较少时,三种模型检测结果相差较大,如图6.6第1行所示,模型1出现漏检,导致检测出的裂缝不连续,模型2未能检测出裂缝,而模型3检测出的裂缝较为完整,检测效果最好。当裂缝粗细适中且结构较为简单时,三种模型的性能差异较大,由图6.6第2行和第3行可以看出,模型2出现了大量的漏检,检测出的裂缝表现出了不连续性,模型1和模型3虽然都出现了轻微漏检,但都可以较准确地检测出裂缝,并且模型3比模型1检测出的裂缝更加完整。当裂缝较粗且结构较为复杂时,如图6.6第4行~第6行所示,模型2漏检较严重且检测出的裂缝不连续,尤其在第4行和第5行漏检了大量裂缝像素,而模型1除了漏检,还出现了一定程度的误检,模型3整体检测效果较好,虽然出现轻微的漏检和误检,但细节信息更加丰富,能够更加准确完整地检测出裂缝。

以上定性分析表明,模型3的道路裂缝检测效果最好,整体上漏检和误检更少,检测出的裂缝具有更好的连续性,因此Res-A模块中的通道注意力机制和空间注意力机制采用并联模式可以表现出最好的道路裂缝检测效果。

为了进一步对比三种模型的有效性,下面定量分析三种模型的MIoU、PA和迭代时间,如表6.3所示。由表可知,模型3的MIoU和PA均为最优,分别为79.28%和93.88%,其中MIoU分别比模型1、模型2高出2.11%、11.29%,PA分别比模型1、模型2高出2.08%、0.23%。因此,模型3的裂缝检测效果最好,与

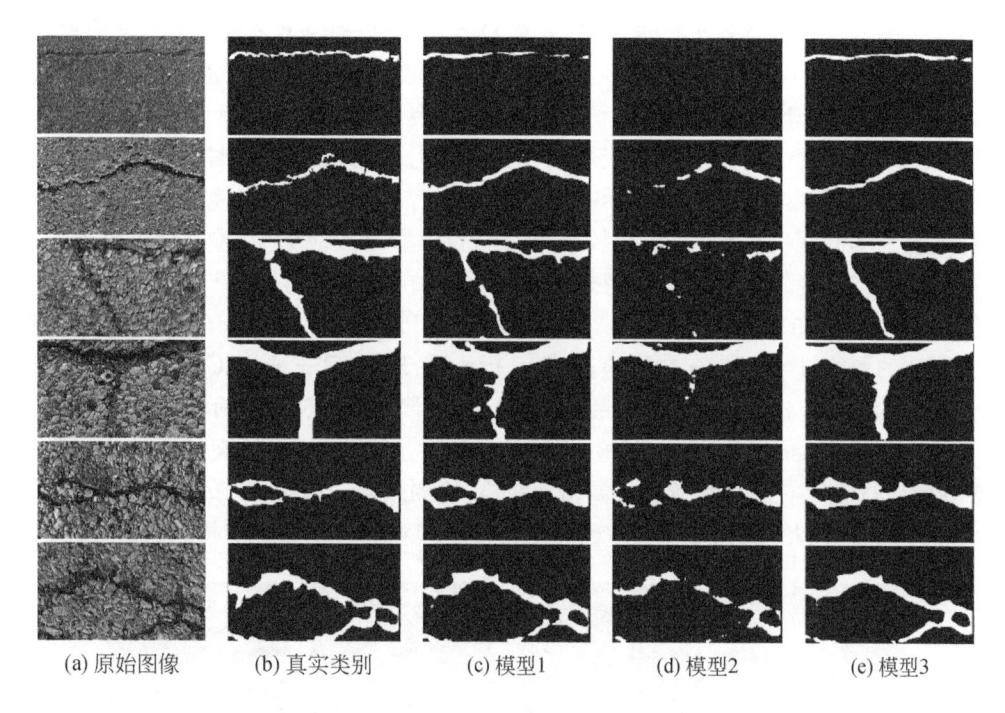

(a) 原始图像　　(b) 真实类别　　(c) 模型1　　(d) 模型2　　(e) 模型3

图 6.6　CAM 和 SAM 的不同组织模式检测示例

定性分析结果一致。此外，模型 3 训练时每次迭代时间最长，为 0.4904s，表明并联组织模式的计算量要高于串联组织模式。

表 6.3　CAM 和 SAM 不同组织模式的实验结果

模型	MIoU/%	PA%	迭代时间/s
模型 1	77.17	91.80	**0.4719**
模型 2	67.99	93.65	0.4748
模型 3	**79.28**	**93.88**	0.4904

注：加粗数据表示评价指标中的最优结果。

6.3.3　与其他深度学习神经网络对比实验

下面仍然从定性和定量角度验证模型 3 的有效性，在公开道路裂缝数据集 CRACK500 上将模型 3 与 FCN、PSPNet、ICNet[132]、PSANet[133]、DenseASPP 等网络进行对比实验，测试设备均保持一致。由图 6.7 可知，与其他各模型的部分定性结果进行对比，模型之间表现出较大的差异。如图 6.7(a)～图 6.7(h)所示，当图像中裂缝较细或背景干扰较少时,只有 DenseASPP 和模型 3 可以较准确地检测出裂缝,但 DenseASPP 漏检较多,而模型 3 可以较好地检测出裂缝,由图 6.7 第 1 行可以看出,FCN 和 PSA 只检测出极少量的裂缝(如矩形框标出),PSPNet 和 ICNet 只检测出少量的裂缝。当裂缝粗细适中且结构较为简单时,如图 6.7 第 2 行和第 3 行所示,除了 PSPNet 和模型 3 可以较完整地检测出裂缝外,其他各模型均出现了不同程度的漏检,而相较于 PSPNet,模型 3 漏检更少,检测结果更连续、更完整。当裂缝较粗且结构较为复杂时,各模型在图 6.7 第 4 行~第 6 行中的性能表现出较大的差异性,如第 4 行所示,ICNet、PSPNet 和 DenseASPP 出现了较为严重的漏检,PSPNet 存在错检;如第 5 行所示,FCN、PSPNet、ICNet 和 PSANet 错检较为严重,造成检测出的裂缝较粗且变形;如第 6 行所示,FCN、ICNet、PSANet 和 DenseASPP 存在漏检,细节信息不足,造成检测出的裂缝不连续;模型 3 在第 4 行~第 6 行只有较少的漏检和错检,检测效果较准确,细节信息更丰富,可以较好地保留裂缝的完整性。定性分析说明了模型 3 对道路裂缝检测的有效性。

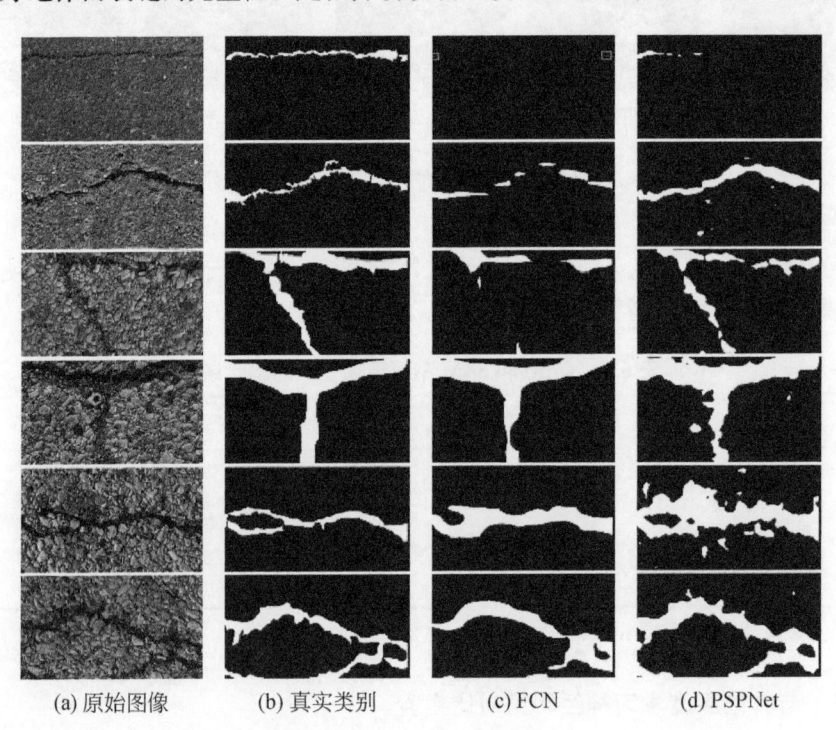

(a) 原始图像　　(b) 真实类别　　(c) FCN　　(d) PSPNet

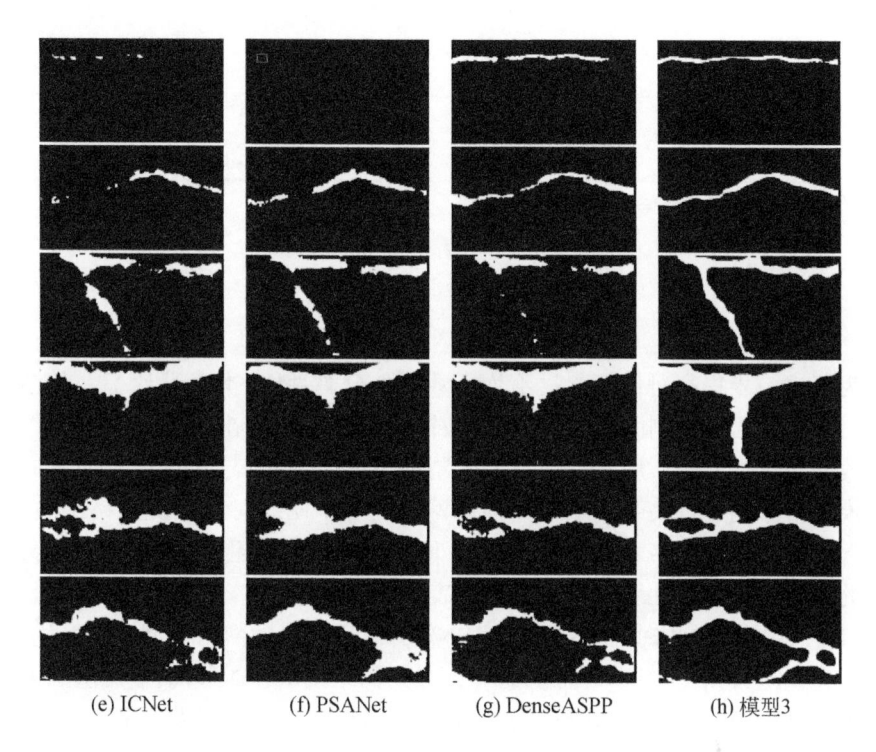

(e) ICNet　　　　(f) PSANet　　　　(g) DenseASPP　　　　(h) 模型3

图 6.7　不同深度神经网络裂缝检测示例

表 6.4 显示了这五种检测网络在公开道路裂缝数据集 CRACK500 上的定量对比结果。从表中可知,模型 3 的 MIoU 最高,分别比 FCN、DenseASPP、PSPNet、ICNet、PSANet 高出 7.67%、7.70%、1.54%、6.51%、7.76%,而 PA 仅比 DenseASPP 低 1.59%,并分别比 FCN、PSPNet、ICNet、PSANet 高出 2.94%、0.42%、3.34%、2.13%。这充分表明了模型 3 在道路裂缝检测上具有较好的有效性。迭代时间表明模型 3 排在第 3 位,虽然 Res-A 模块可以有效缩短迭代时间,但双注意力机制网络整体上较为复杂。当外部软硬件设备配置较高时,在一定程度上可以忽略此评价指标。

表 6.4　不同深度神经网络评价指标对比

模型	MIoU/%	PA/%	时间/s
FCN	71.61	90.94	**0.0709**
DenseASPP	71.58	**95.47**	0.5024
PSPNet	77.74	93.46	1.2839
ICNet	72.77	90.54	0.3205

模型	MIoU/%	PA/%	时间/s
PSANet	71.52	91.75	0.8390
模型3	**79.28**	93.88	0.4904

注：加粗数据表示评价指标中的最优结果。

6.4 本章小结

为了进一步提高对目标背景不均衡数据的分割性能，本章设计了一种结合双注意力机制的语义分割网络，改进了一种轻量型注意力机制，并将其与残差单元构建为残差注意力机制。用残差注意力机制替换残差单元，与NL-A模块共同构建网络模型。分别进行关于确定不同残差网络为骨干网络时的最优网络实验、关于空洞卷积的消融实验、残差注意力机制不同组织模式的消融实验、与典型语义分割网络的对比实验。定性结果和定量结果表明：

（1）使用空洞卷积时，将ResNet-101作为骨干网络的网络模型性能最优；未使用空洞卷积时，将ResNet-50作为骨干网络的网络模型性能最优；使用空洞卷积时的最优网络模型的PA与MIoU分别比未使用空洞卷积时的最优网络模型高出0.45%和3.69%。

（2）并联模式下的残差注意力机制（模型3）的性能最优。

（3）本章最优模型是以改进ResNet-101为骨干网络，结合空洞卷积、残差注意力机制、Non-Local计算模式的注意力机制后的网络模型。当将该模型应用于高分辨率建筑物遥感数据时，语义分割性能较好。

第7章 基于高分辨率模型的裂缝病害图像分类网络与分割网络

7.1 基于高分辨率模型的裂缝病害图像分类网络

7.1.1 HRNet

高分辨率网络(high resolution net,HRNet)[134]最初应用于人体姿势估计的实验,但该网络的多用途属性使其能很好地运用于图像分类实验。不同于传统图像分割网络先降分辨率、再升分辨率的结构,HRNet将高分辨率和低分辨率的子网络并行连接,使网络能一直保持高分辨率的特征,其结构如图7.1所示。

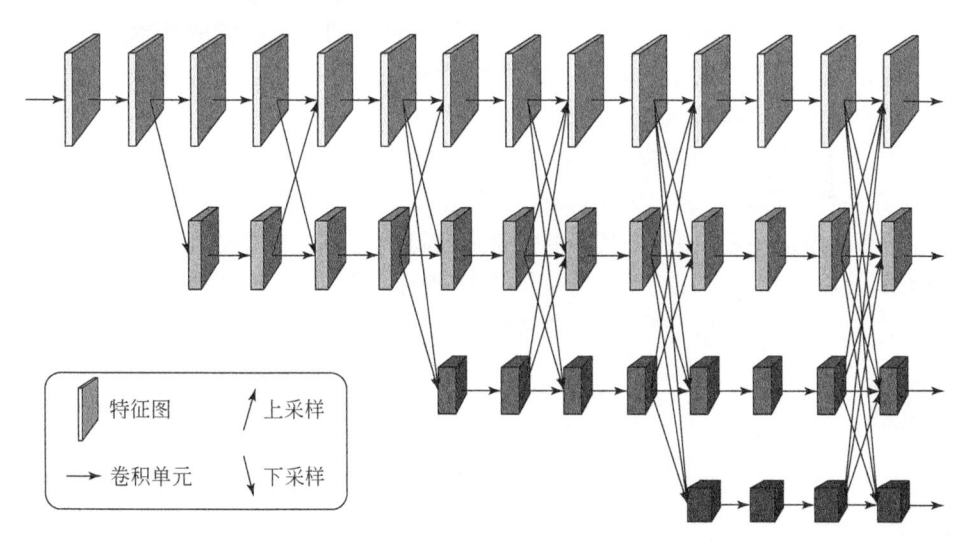

图7.1 HRNet结构

HRNet的交换单元组成了整个网络,主要作用是达成不同分辨率特征的转换与串联,高分辨率向低分辨率的转换由卷积核为3×3、步长为2的卷积实现,低分辨率向高分辨率的转换采用了双线性插值法,通过一系列交换单元的组合,HRNet最终可以输出4种不同分辨率大小的特征图。HRNet的交换单元如图7.2所示。

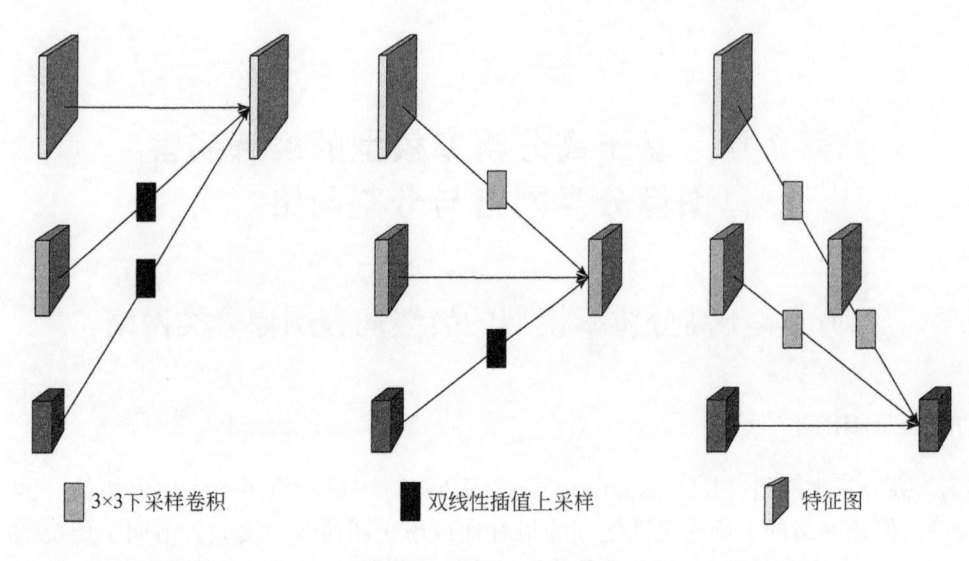

图 7.2　HRNet 交换单元

通过 HRNet 得出 4 个特征图,针对这 4 个特征图具有不同的处理分支,不同的处理分支选择也促成了不同的网络功能,目前主要的网络功能为图像分类、图像分割以及人体关键点检测,如图 7.3 所示。其中,基于图像分类的处理分支将高低分辨率之间的连接由串联改为并联,同时在整个网络结构中都保持了高分辨率的特征,在高低分辨率中引入交互,提高了模型性能;基于图像分割的处理分支将所有分辨率的特征图进行融合,其中低分辨率的特征通过上采样恢复到高分辨率,保持网络的高分辨率属性;基于人体关键点检测的处理分支在图像分割处理的基础上使用一个特征金字塔,增强了细节特征[135]。

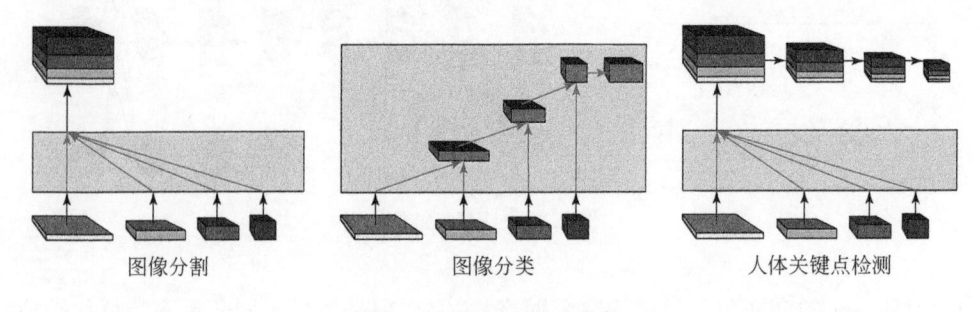

图 7.3　HRNet 分支功能

7.1.2 混合空洞卷积

随着 CNN 性能的提升,通过卷积提取特征的能力也越来越强,然而在进行下采样时,图像在降低分辨率的同时还会导致局部信息的丢失。HRNet 中原本采用的卷积核为 3×3 的下采样卷积会产生相同的问题,对于裂缝分类,细节信息的缺失在一定程度上会影响分类结果的准确性。

空洞卷积[136]有效地解决了细节丢失的问题,与普通卷积不同,空洞卷积能很好地解决下采样中局部信息丢失的问题。空洞卷积创新性地提出了空洞率的概念,通过空洞率确定卷积时各个数据值之间的距离,由此增大了网络的感受野,感受野的计算公式为

$$K_D = K + 2(K-1)(M-1) \tag{7.1}$$

式中,K_D 代表加入空洞卷积后的感受野;K 代表原始感受野;M 代表空洞率。

空洞卷积的优势在于,当进行下采样损失信息时,加大了感受野,使每个卷积输出都保留了尽可能多的特征,即获取了多尺度信息,在面对多尺度图像识别的实验中能起到较大的作用[137]。

虽然空洞卷积能很好地解决 CCN 中的感受野问题,但是空间卷积本身存在一定的漏洞。从空洞卷积的原理结构可知,空洞卷积很有可能会造成网格效应,因为在空洞卷积的某次卷积过程中,邻近像素的卷积结果是独立得到的,相互之间缺少联系,会影响边缘信息的提取。

混合空洞卷积(hybrid dilated convolution,HDC)[138]方法不仅采用空洞率来设定感受野的大小,还采用不同空洞率来解决网格效应问题。如图 7.4 所示,普通空洞卷积的空洞率为 2;HDC 的空洞率依次为 1、2、3,这两组网络的感受野都为 13,但 HDC 提取的特征范围明显更宽广。

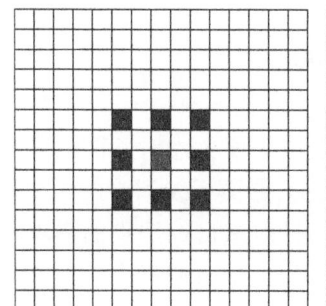

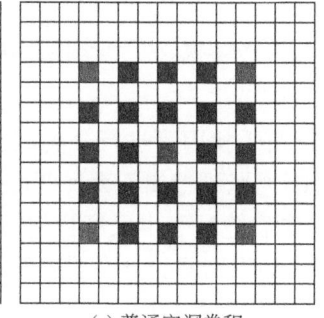

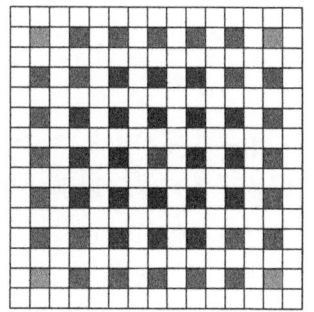

(a) 普通空洞卷积

(b) HDC

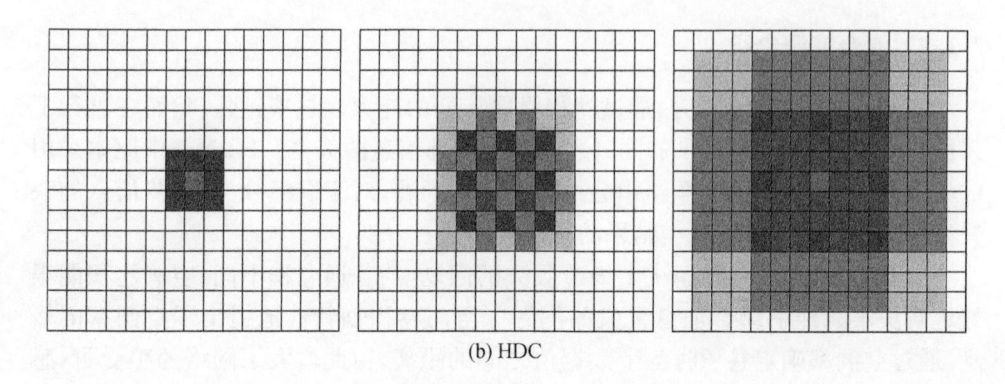

图 7.4 普通空洞卷积和 HDC 的原理图

7.1.3 网络模型设计

针对路面裂缝病害图像分类的特点,将高分辨率网络进行改进,其网络结构如图 7.5 所示。

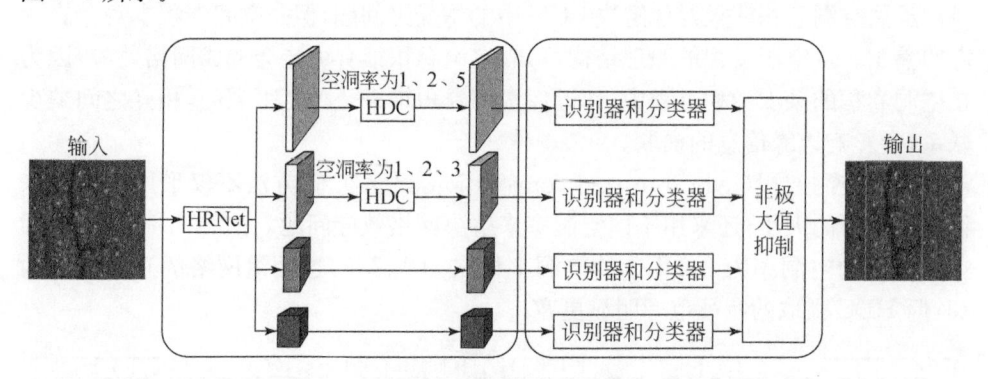

图 7.5 基于高分辨率模型的裂缝病害图像分类网络

由于需要对六类路面裂缝及干扰因素进行分类,所以需要考虑对不同尺度的目标物体进行精准识别。其中,网状裂缝属于大尺度目标;路面标线和路面修补属于中尺度目标;横向裂缝与纵向裂缝属于小尺度目标。针对多目标识别的需求将高分辨率主干网络与 SSD 网络的识别器和分类器进行结合,通过非极大值抑制删去多余检测框,输出分类结果。该改进方法一方面可以提高网络效率,另一方面对网络中的多尺度特征能进行很好的识别分类。

网状裂缝结构的组成比较复杂,难以识别和分类,且属于大尺度目标,在网络中引入混合空洞卷积模块,加大了感受野。SSD 网络利用大特征图检测大尺度目标、小特征图检测小尺寸目标的特点,只在前两种网络中加入 HDC 模块,既提升了网状裂缝的识别成功率,也避免了影响其他尺度目标物的识别。其中,第一层网络空洞率分别为 1、2、5;第二层网络空洞率分别为 1、2、3。

7.1.4 基于 HRNet 的实验结果与分析

为了验证本次实验选取分类方法的优越性,将本书方法与 HRNet、SSD、HRNet-SSD、YOLOv4 共同进行实验。本次实验设定的批次大小为 8,初始学习率设定为 0.0001,学习优化器为 Adam,其固定参数 $\beta_1=0.9$、$\beta_2=0.999$,训练迭代次数为 100,总训练次数为 53400 次。

实验采用的精度指标为 AP、mAP 和检测速度。其中,AP 表示识别某一类目标的平均检测精度,用于检验网络对某一类别的识别精度;mAP 为所有类别目标 AP 值的均值,用于检验网络对多类别目标识别的平均水平,尤其考验网络对多尺度目标的识别能力;检测速度表示模型平均识别一幅图像需要的时间,用于检验模型的效率[139]。实验中五种网络的精度指标如表 7.1 所示。

表 7.1 裂缝病害图像分类对比实验精度指标

网络模型	普通路面 AP/%	横向裂缝 AP/%	纵向裂缝 AP/%	网状裂缝 AP/%
HRNet	87.43	80.62	81.05	63.21
SSD	84.25	76.50	76.24	70.66
HRNet-SSD	85.14	77.43	79.65	74.01
YOLOv4	**90.60**	**83.91**	**84.84**	66.45
本书方法	89.23	81.02	82.73	**75.98**

网络模型	路面标线 AP/%	路面修补 AP/%	总类别 mAP/%	检测速度/ms
HRNet	92.12	91.65	75.71	68
SSD	86.41	84.30	78.57	**37**
HRNet-SSD	91.64	92.01	81.35	54
YOLOv4	**94.60**	94.27	84.10	65
本书方法	93.79	**94.89**	**85.02**	62

注:加粗数据表示评价指标中的最优结果。

由表 7.1 可知,在六类路面目标物的分类检测中,平均检测精度效果最好的是路面标线和路面修补,主要原因是这两种目标物特征较为明显,容易进行识别检测;普通路面的平均检测精度要稍差于路面标线和路面修补,由检查验证集可知,分类网络将存在裂缝的路面图像错误归为普通路面图像;横向裂缝和纵向裂缝的平均检测精度为 80% 左右,证明当前主流的网络对结构较为简单的单一结构裂缝都能进行较为准确的分类和识别;在网状裂缝分类识别中,各个网络的表现都较前几类目标有所下降,主要原因在于网状裂缝的结构复杂,难以提取特征,这是目前路面裂缝识别中需要解决的主要问题。

从表现最好的精度数据来看,YOLOv4网络在小尺度目标物上的平均检测精度最高,如横向裂缝、纵向裂缝,分别到达了83.91%和84.84%,同时在普通路面的检测表现上也优于其他网络,达到90.60%,说明了其小目标物体识别能力的先进性。在中尺度目标物的平均检测精度上,本书方法和YOLOv4的表现基本持平,都为94%左右;SSD网络的表现最差,均低于90%;HRNet和HRNet-SSD的平均检测精度基本持平,说明HRNet主干网络的高分辨特征比SSD网络中的VGG16网络具有更大的优势,特征提取的能力更强。在网状裂缝这样的大尺寸目标物的平均检测精度上,本书方法的精度最高,达到了75.98%,而YOLOv4网络的平均检测精度只有66.45%,仅优于原始HRNet,不如SSD网络的70.66%,说明了YOLOv4网络针对目标物的识别能力不强;从HRNet网络、SSD网络、HRNet-SSD网络再到本书方法,针对大尺度目标物的平均检测精度呈上升趋势,证明了本书方法中融合SSD网络和HDC的改进方法取得了成功。

从mAP及网络效率来看,本书方法的mAP最高达到了85.02%,表明该网络对各类别目标的识别精度更趋于平均。对比YOLOv4,本书方法单幅图像的检测时间更短,mAP更高,虽然YOLOv4对部分目标类别的识别精度优于本书方法,但综合考虑,改进的基于高分辨率网络的裂缝图像分类网络在本次实验中表现最优。

7.2 基于高分辨率模型的裂缝病害图像分割网络

7.2.1 密集上采样卷积

在CNN的图像分割中,上采样一直以来都是重要的一步,其作用是恢复深层网络的分辨率,目前最为常见的上采样方法为双线性插值法。双线性插值法的运算简单,运行效率高,而且配合后续卷积运算还可以实现与反卷积运算相同的效果。然而,双线性插值上采样在运算的过程中,不考虑像素间的预测关系,导致难以恢复像素级别的预测,体现在特征提取方面的问题即为特征图细节的丢失[140]。

为了在上采样过程中恢复高分辨率的特征图,需要考虑其他方式。其中,反卷积运算是一个比较好的解决方案,然而采取反卷积运算会导致以下两个问题[141]:

(1)为了实现高分辨率的输出,需要进行多个反卷积运算,必然会影响网络的复杂度,增加网络的负担。

(2)反卷积存在填 0 的操作,将空白的特征填 0 值,虽然恢复了特征,但会导致边缘特征提取效果不好。

由于裂缝图像分割的特殊性,需要保持边缘与细节信息提取的完整性,既要保持双线性插值法的简单高效,又要保持高分辨率特征,还要避免产生如空洞卷积中的网格效应,影响边缘像素的分割。

密集上采样卷积(dense upsampling convolution,DUC)[142]能很好地解决上述问题,通过学习一系列的放大过滤器来放大下采样特征图到最终设定的尺寸。具体思路就是,将上采样过程长宽尺寸上的损失通过通道维度来弥补。假设输入原始图像的大小为 $H×W$,其中 H、W 分别为原始图像的长和宽,经过卷积特征图的大小为 $h×w×c(h=H/r,w=W/r)$,其中,h、w 和 c 分别为特征图的长、宽和维度。DUC 的主要思想是:将整个标签图划分成与输入特征图等尺寸的子部分,即所有的子部分被叠加 r^2 次就可以产生整个标签图[143]。与双线性插值法不同的是,DUC 能避免双线性插值法造成的细节信息丢失,还能保持较高的特征分辨率,其结构如图 7.6 所示。

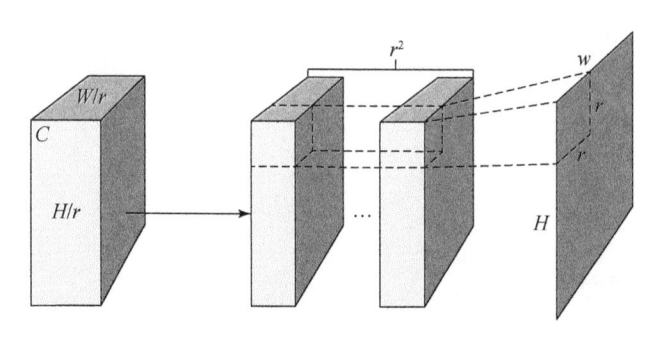

图 7.6 密集上采样卷积结构

7.2.2 Passthrough layer 模块

CNN 中下采样的主要目的是增大卷积层的感受野和降低网络的复杂度[144]。目前采用的下采样方法主要有两类:基于卷积的下采样和基于池化的下采样。池化可以增强网络的平移不变性,还能提高网络的泛化能力。其最大的缺点在于,池化操作会丢失特征信息,通过反池化方式只能进行填 0 操作,会影响特征的传递。例如,一个 3×3 的最大池化,在池化操作后会丢失近 8/9 的原始特征信息,破坏了图像中的姿态和空间等重要信息,对图像分割这类像素级别的任务有很大影响。

当前图像分割网络中采用的下采样方式多为卷积方式,卷积下采样的优点在于,卷积可以通过调整步长的大小,成倍数地进行下采样,同时还可以通过空洞卷积下采样,实现非整数倍数的下采样[145]。但是,基于卷积的下采样会增加网络参数,降低网络效率,即使采取卷积下采样,还是会导致一部分信息丢失,尤其是边缘信息的丢失,影响像素级别图像分割的精度。

  Passthrough layer 模块最早出现在 YOLOv2 网络框架中[146],主要用于小目标的检测,其本质在于特征重排,将特征图像直接分成四部分,再把这四部分的特征按通道进行串联,如一个 26×26×512 的特征图像可以直接分成四部分,这四部分的特征又重新串联成一个 13×13×2048 的特征图,其原理如图 7.7 所示。Passthrough layer 模块的优势在于能够较好地保留低层次的信息。主要采用卷积核为 3×3、步长为 2 的卷积和池化的下采样方式,优点是抽取的特征具有更强的语义性,缺点是会丢失一些细节信息。Passthrough layer 模块这种下采样方式与前两种下采样方式相反,它提取的特征语义性不强,但是能保留大量细节信息,越靠前的网络,其特征的感受野越小,对裂缝提取这种二分类狭小物体分割效果越好。

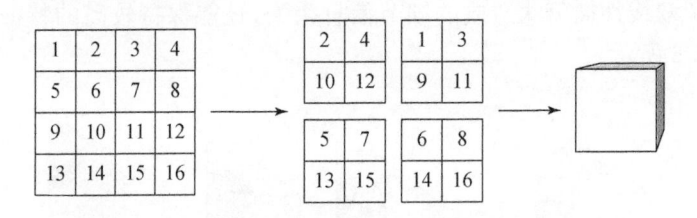

图 7.7 Passthrough layer 模块原理

7.2.3 挤压与激励注意力机制

  深度学习中的注意力机制来源于人类的注意力机制。其原理是:人脑筛选出由人眼感知得到的信息,将其认定为感兴趣区域,并加强该区域的注意力和专注度。该机制实际上属于心理学层面。1995 年,Tsotsos 等[147]提出基于计算机运算的注意力机制,当时的计算机技术还不成熟,基于计算机运算的注意力机制还属于概念阶段。随着计算机性能的提升和计算机视觉的发展,注意力机制的概念又被重新提起。2014 年,谷歌的 DeepMind 团队选择将注意力机制与 CNN 结合,并成功完成了图像分类的任务,由此基于注意力机制的计算机技术逐渐进入大众视野[148]。

  当前,注意力机制大多被用于深度学习中的特征加强,通过增强局部特征及权重分配的方式提高特征提取的能力,从而提高模型的性能和准确率[149]。在深度学习领域,注意力机制已经广泛应用于图像分割、图像分类及目标检测等领域,CNN 模型中用到的注意力机制主要分为以下两种。

1. 空间注意力机制

空间注意力机制的关键在于对特征区域的提取，主要位于特征图内部。在传统的 CNN 中，不同特征图区域的关注度也不同，而通过空间注意力机制可以分配给不同特征图区域不同的特征关注度，按照重要程度依次排序分类。在网络进行预测的过程中，可以根据特征关注度的重要程度分配不同的权重，以此来提高网络的精度。

2. 通道注意力机制

通道注意力机制与空间注意力机制相反，其发生地点为不同特征之间。传统的 CNN 在进行特征融合时，直接将所有的特征图进行融合。然而不同的预测任务，特征图信息也不同，需要对特征融合中的特征权重进行重新标定。通过通道注意力机制可以为不同特征图赋予不同的权重，对预测任务贡献越大的特征图分配的权重就越大，而贡献越小的特征图分配的权重就越小。

挤压与激励模块（squeeze-and-excitation block, SE-Block）[150] 是一种通道注意力机制，其特点在于，该模块考虑不同通道之间的重要性可能不同。其特征图的融合是由输出的特征图进行串联融合实现的，小的特征图上采样至大的特征再进行融合，这样会对像素级别的特征恢复造成不利影响。不同通道的重要性是通过学到的一组权值来确定比例的，相当于加入权值对原来特征的一个重新标定，以提升重要特征的权重，降低不重要特征的权重，从而提升特征提取的效果，SE-Block 结构示意图如图 7.8 所示。上采样的过程中 SE-Block 可以控制特征融合时不同特征层的权重，利用该模块为输入特征图的各个特征通道赋予权重，增强任务相关像素的权重，这样可以弱化背景和噪声的影响，从而获得更精确的细节信息。

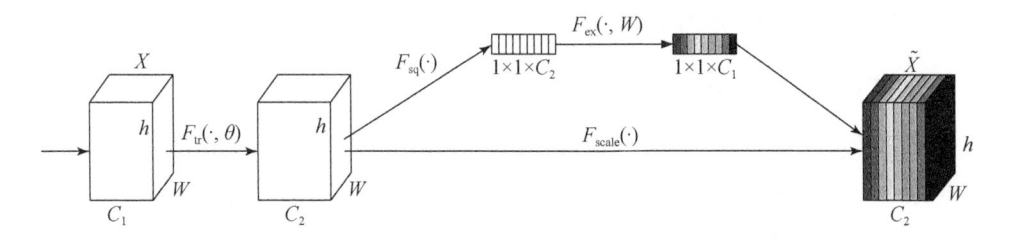

图 7.8 SE-Block 结构示意图

7.2.4 网络模型设计

针对路面裂缝病害图像分割的特点，将高分辨率网络进行改进，其网络结构如

图 7.9 所示。

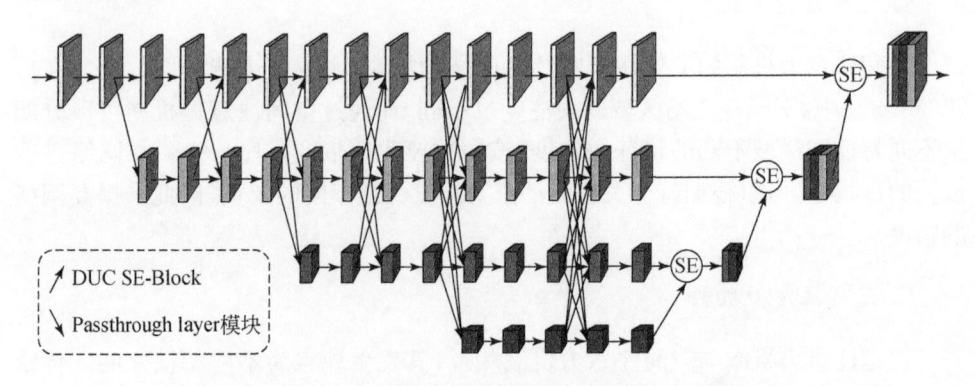

图 7.9　基于高分辨率模型的裂缝病害图像分割网络结构

基于高分辨率模型的路面裂缝病害图像,分割实验对象为横向裂缝和纵向裂缝这样的小尺度目标物,需要将模型改进为适合小尺度目标物的分割网络。在主干网络将原本的双线性插值上采样替换为密集上采样卷积,解决双线性插值上采样中出现的细节特征信息丢失的问题;将卷积核为 3×3、步长为 2 的卷积下采样模块替换为 YOLOv2 中的 Passthrough layer 模块,通过牺牲语义信息的方式提高了细节特征的提取能力。

在网络的特征融合阶段,SE-Block 通过注意力机制重新分配各个特征图融合时的权重。由于对小尺度目标物进行分割,所以将权重主要分配在小尺度的特征图上。本书改进了特征融合的步骤,对比高分辨率网络中原始的图像分割特种融合方式,采用逐层融合与注意力机制相结合的方法。低分辨率特征依次向高分辨率特征进行融合,在每一层的融合中都加入了 SE-Block 分配特征权重,突出重要特征,提高了网络预测的准确率。

7.2.5　实验结果与分析

为了验证本次实验选取分割算法的优越性,将本书方法与 HRNet、U-Net 进行对比实验。本次实验模型优化器采用具有自适应能力的 Adam 优化器。训练的初始学习率为 0.001,衰减值为 0.00001,动量系数为 0.9,设置的批次为 8,设计的迭代次数为 200 次,两次数据集训练耗时约为 8h 和 12h。

为准确衡量实验采用的网络模型的分割性能,采用交并比(intersection over union,IoU)、精确度(Precision)、召回率(Recall)及 F1 分数(F1 score)四个精度评定指标进行准确性评估[151]。

交并比的计算公式为

$$\mathrm{IoU} = \frac{\mathrm{TP}}{\mathrm{TN}+\mathrm{FN}+\mathrm{FP}} \tag{7.2}$$

精确度表示预测为正的样本中有多少是真正例,其计算公式为

$$\mathrm{Precision} = \frac{\mathrm{TP}}{\mathrm{TP}+\mathrm{FP}} \tag{7.3}$$

召回率表示样本中的真正例有多少被正确预测其计算公式为

$$\mathrm{Recall} = \frac{\mathrm{TP}}{\mathrm{TP}+\mathrm{FN}} \tag{7.4}$$

F1 分数可以看作模型精确度和召回率的一种调和平均,最大值为 1,最小值为 0,其计算公式为

$$\mathrm{F1} = \frac{2\mathrm{Precision} \cdot \mathrm{Recall}}{\mathrm{Precision}+\mathrm{Recall}} \tag{7.5}$$

以上公式中 TP 为真正例,是指模型将正类别样本正确预测为正类别;TN 为真负例,是指模型将负类别样本正确预测为负类别;FP 为假正例,是指将负类别样本错误地预测为正类别;FN 为假负例,是指将负类别样本正确地预测为负类别[152]。

1. 损失函数改进

对于路面裂缝图像的分割问题,可以使用二值交叉熵损失(binary cross entropy,Bce)函数来训练模型,具体公式为

$$L_{\mathrm{Bce}} = -\frac{1}{N}\sum_{i=0}^{n}\left[y_i \ln p_i + (1-y_i)\ln(1-p_i)\right] \tag{7.6}$$

式中,N 为图像像素的个数;y_i 为第 i 个像素点的标签值;p_i 为第 i 个像素点的预测概率值。

在裂缝图像的分割问题中,裂缝像素的数量要远少于背景像素的数量,若使用 Bce 损失函数来训练模型,则容易出现模型偏向于分割较大的目标对象,而忽略较小的目标对象,即网络更倾向于预测其为背景而不是裂缝[153]。Dice 损失函数可以很好地解决该类样本不均衡的问题,具体公式为

$$L_{\mathrm{Dice}} = 1 - \frac{\sum_{i=0}^{n} p_i y_i + \varepsilon}{\sum_{i=0}^{n} p_i + y_i + \varepsilon} - \frac{\sum_{i=0}^{n}(1-p_i)(1-y_i) + \varepsilon}{\sum_{i=0}^{n} 2 - p_i - y_i + \varepsilon} \tag{7.7}$$

式中,ε 为实验设置参数,目的是避免实验过拟合。

将 Bce 损失函数与 Dice 损失函数相结合,既处理了裂缝像素样本不均衡的问题,还能确保像素识别的有效性,具体公式为

$$L = L_{\mathrm{Dice}} + \lambda L_{\mathrm{Bce}} \tag{7.8}$$

式中,L 为总损失;L_{Dice} 为 Dice 损失;L_{Bce} 为 Bce 损失;λ 为两种损失函数之间的比

例系数。

模型的主要任务是分割裂缝,分类任务只是分割的辅助任务,采用 Bce 损失函数的权重过大仍会使模型倾向于预测裂缝背景,影响分割的性能,因此 λ 的取值应该小于 1。

为验证混合损失函数的优越性,选取了三种不同的损失函数进行对比实验,选取的数据集为公共数据集 Highway Crack 中的 500 幅图像,实验结果如图 7.10 所示。

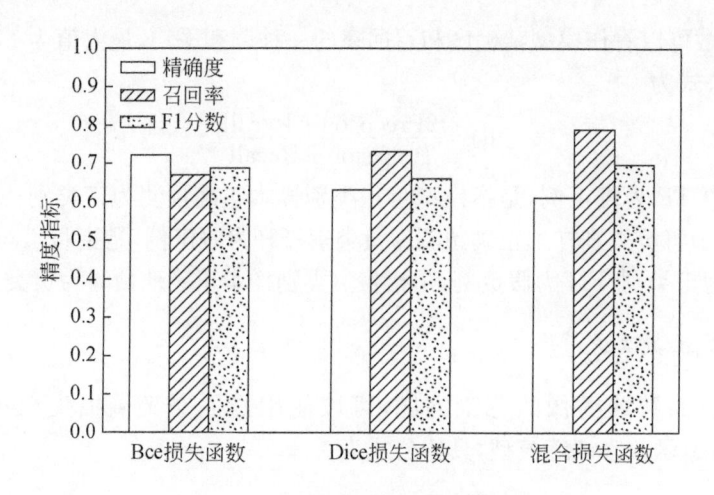

图 7.10 不同损失函数精度指标

为验证通过两种损失函数间比例系数所述得的最优解,选取改进后的高分辨率网络在 0~1 的比例系数区间进行实验,实验结果如表 7.2 所示。

表 7.2 不同比例系数的混合损失函数精度指标

精度指标	0.1	0.2	0.3	0.4	0.5	0.6	0.7	0.8	0.9
精确度/%	70.11	71.23	**72.55**	70.92	69.44	67.83	66.79	63.98	60.21
召回率/%	**83.42**	82.13	80.84	77.96	75.54	73.01	70.71	68.47	65.84
F1 分数/%	76.26	76.38	**76.41**	74.27	72.31	70.34	68.64	66.12	62.90

注:加粗数据表示评价指标中的最优结果。

由图 7.10 可知,Bce 损失函数的召回率值最小,这是由于 Bce 损失函数更倾向于识别裂缝背景而不是裂缝,即便像素精度较高,召回率值仍然偏低;Dice 损失函数的召回率值虽然高于 Bce 损失函数,但像素精度比较低,在裂缝识别中会造成较大误差;结合 Bce 损失函数和 Dice 损失函数的混合损失函数,在召回率值的表现上最为优秀,虽然像素精度略低于 Dice 损失函数,但是 F1 分数要高于其余两个损失函数,结合裂缝分割实际情况进行综合考虑,采用混合损失函数可以发挥出更大的优势。

由表 7.2 可知,随着混合损失函数中 Bce 函数的权重逐渐增加,召回率值逐渐减小;而精确度值在比例系数为 0.3 时达到最高点 72.55%,随着比例系数的增加逐渐减小,综合 F1 分数也是在比例系数为 0.3 时达到最高点 76.41%,因此将比例系数设置为 0.3 时,混合损失函数对模型分割表现出的增益最高。

2. CRACK500 数据集实验

为了充分验证模型对裂缝病害图像的检测性能,将 U-Net、HRNet 及本书方法进行对比实验,不同模型在路面裂缝分割的结果对比如表 7.3 所示。

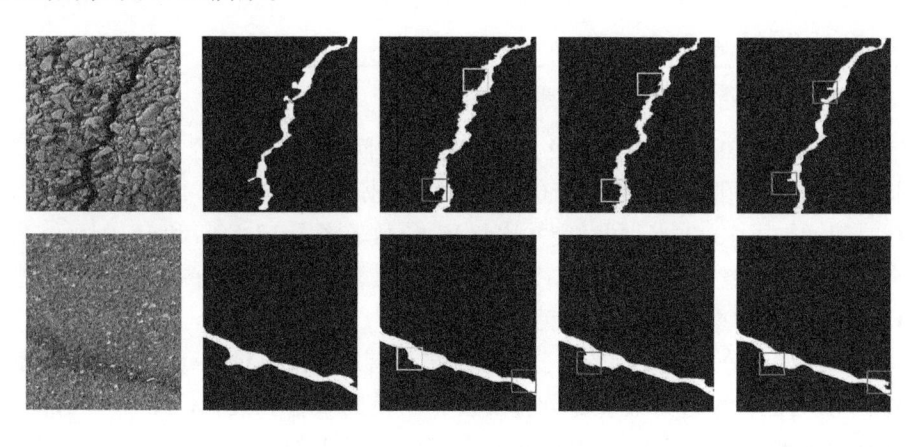

表 7.3　CRACK500 数据集路面裂缝分割结果对比

模型	交并比/%	精确度/%	召回率/%	F1 分数/%	运行时间/ms
U-Net	59.71	75.13	68.04	71.41	**40**
HRNet	68.33	88.57	89.10	88.83	65
本书方法	**71.01**	**90.09**	**92.59**	**91.31**	68

注:加粗数据表示评价指标中的最优结果。

由表 7.3 可知,在 CRACK500 数据集上进行测试,本书方法明显优于实验中的其他分割模型,虽然运算效率要低于其余模型,但在精确度表现上,其交并比达到 71.01%,F1 分数达到 91.31%,相较于 U-Net 提升了 18.92% 和 27.87%,相较于 HRNet 也提升了 3.92% 和 2.79%,能够对裂缝病害图像进行更好的分割。为更加直观地验证网络的性能,利用三种算法在 CRACK500 数据集上进行验证,其验证结果如图 7.11 所示。

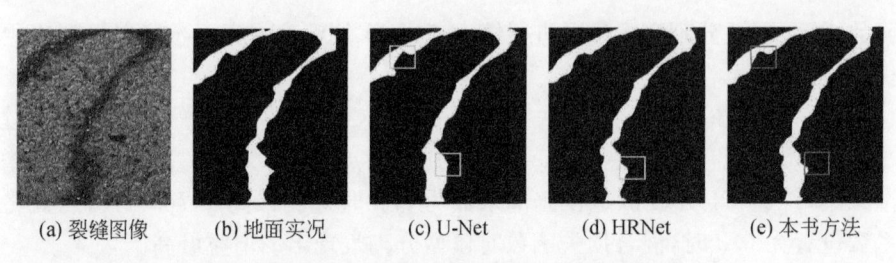

(a) 裂缝图像　　(b) 地面实况　　(c) U-Net　　(d) HRNet　　(e) 本书方法

图 7.11　CRACK500 数据集路面裂缝分割结果验证对比

图 7.11 中红色框表示像素误检的情况,黄色框表示像素漏检的情况,绿色框表示像素分割相对正确的情况。在三幅图像中,U-Net 模型出现了较大面积的误检与漏检;HRNet 的表现虽然优于 U-Net,但是在裂缝关键部位存在漏检现象;本书方法的裂缝关键部位分割表现明显优于前两种模型,可以获得与标签相似的分割结果,误检和漏检的情况也相对较少,表明本书方法的分割性能更优,更适合路面裂缝的分割。

3. Highway Crack 数据集实验

为更好地测试本书方法在实际工程中的表现,选取了沥青材质的高速公路路面图像作为数据集,同样选取 U-Net、HRNet 及本书方法进行对比实验,实验结果如表 7.4 所示。

表 7.4　Highway Crack 数据集路面裂缝分割结果对比

模型	交并比/%	精确度/%	召回率/%	F1 分数/%	运行时间/ms
U-Net	41.26	61.90	72.74	66.88	**59**
HRNet	53.74	70.26	79.00	74.37	75
本书方法	**60.30**	**73.23**	**84.98**	**78.69**	77

注:加粗数据表示评价指标中的最优结果。

由表 7.4 可知,本书方法交并比、精确度、召回率、F1 分数的评估结果,均要优于其他模型。但相较于 CRACK500 数据集,本书方法在精度方面下降较为明显,运行时间增加了 13.26%,同时交并比和 F1 分数下降了 17.76%和 16.04%。为了更直观地说明裂缝分割的优劣程度,随机选取三幅验证集中的图像在不同模型上进行分割实验,结果如图 7.12 所示。

三种模型的分割表现相较于公共数据集都有所下降。U-Net 大体上能分割出裂缝的轮廓,但在裂缝的细节部分会出现较严重的误检和漏检;HRNet 在部分裂缝细节的分割表现上优于 U-Net,但在背景干扰较大的部分,也不能准确分割;本

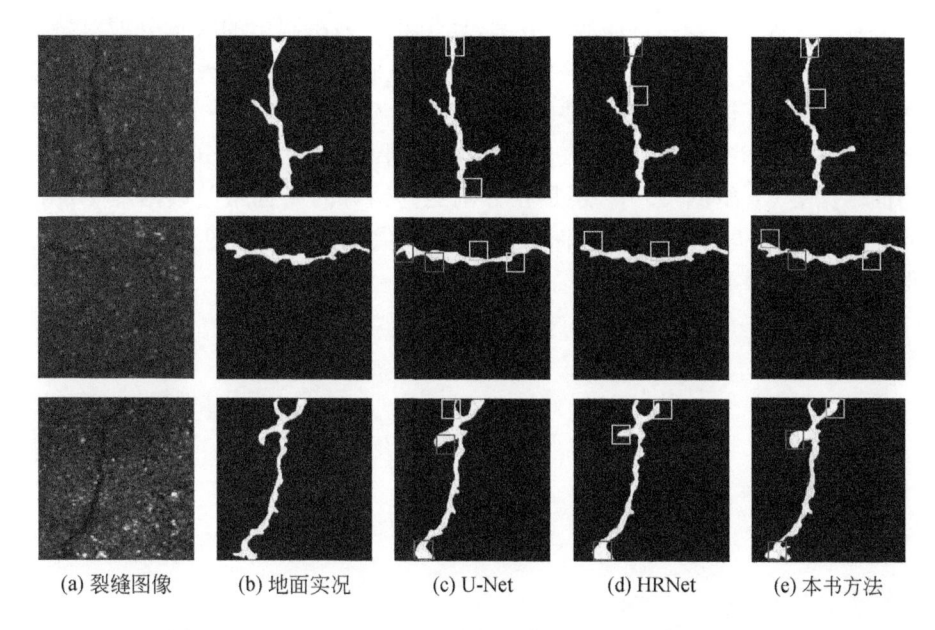

(a) 裂缝图像　　(b) 地面实况　　(c) U-Net　　(d) HRNet　　(e) 本书方法

图 7.12　Highway Crack 数据集路面裂缝分割结果验证对比

书方法虽然出现了部分误检和漏检的情况,但总体分割表现十分突出,结合精度数据可以证明,本书方法能很好地运用于实际情况下的路面裂缝检测。

7.3　本章小结

本章针对当前裂缝图像分类算法中出现大尺度目标识别精度差的问题,提出基于高分辨率网络的路面裂缝分类方法。根据 SSD 网络的多尺度特征对 HRNet 进行改进,在保留 HRNet 高分辨率特征的前提下,加入 SSD 网络的分类器,提升了 HRNet 对大尺度目标的识别性能。同时,在 HRNet 的前两层引入 HDC,提高了网络的感受野,进一步加强了网络的分类性能。在自制的 Highway Crack 数据集上,与 HRNet、HRNet-SSD 及 YOLOv4 网络进行对比可知,本书方法在不同尺度目标物的识别准确率上达到了平衡,尤其在大尺度的网状裂缝检测精度上表现最好,达到了 75.98%,综合其他精度指标,证明了本书方法在路面裂缝图像分类中具有更高的泛化性,更优的检测效果。

为提升路面裂缝病害图像在边缘等细节部分的分割精度,本章选择改进原有的高分辨率网络中的分割算法。首先,将 HRNet 中的双线性插值上采样和卷积下采样分别替换为密集卷积下采样和 Passthrough layer,通过两种改进手段保留了裂缝图像的边缘特征信息;其次,修改了 HRNet 中原有的特征融合步骤,加入 SE-

Block，并采取逐层融合的特征融合方案，利用注意力机制中的权重分配对特征层按照重要性进行重新融合，以提高裂缝特征的提取能力；最后，改进模型中的损失函数，通过实验确定混合损失函数的最佳权值。为验证网络的先进性，将本书改进的分割算法与 HRNet 及 U-Net 进行对比。结果表明，无论在分割较为简单的沥青路面数据集 CRACK500 中，还是在分割更为困难的沥青路面数据集 Highway Crack 中，本书方法的分割效果和精度评价都要优于其他两种网络，证明本书方法能很好地运用于实际情况下的路面裂缝检测。

第8章 基于可变形SSD的裂缝检测模型

8.1 SSD

SSD目标检测网络与RCNN、Fast RCNN、Faster RCNN检测网络相比具有更快的检测速度和更高的检测精度,其训练速度和检测速度也高于YOLOv4和YOLOv5检测网络,因此广泛应用于各个领域。SSD网络结构如图8.1所示,其主干网络采用VGG16特征提取网络[154],在主干网络后增加额外的特征层,实现多尺度检测。这些特征层的尺寸逐渐减小,因此卷积模块预测检测的每个特征层不同。预测检测是通过在每个现有的特征层上使用卷积滤波器产生的。$3\times3\times a$卷积核是预测大小为$m\times m$、通道为a的特征层的基本模块[106]。卷积核为类别和默认框坐标偏移生成一个输出值。

首先,实验输入大小为$300\times300\times3$的图像,并输出6个尺度的特征层,其大小分别为$38\times38\times512$、$19\times19\times1024$、$10\times10\times512$、$5\times5\times256$、$3\times3\times256$和$1\times1\times256$,其中1024、512和256不仅表示图像通道数,还表示提取的特征图的数量。然后,实验将每个尺度的特征图分别输入分类器和检测器进行分类预测和回归预测。最后,通过非极大值抑制(non-maximum suppression,NMS)算法选择最优预测框。此外,为了提高网络性能,对38×38特征图进行L2正则化,将通道数从512减少到20。

8.2 默 认 框

SSD网络中的默认框类似于Faster RCNN中的先验框,但应用于不同尺度特征层中的特征图。SSD网络中定义了6个不同大小的默认框,每个特征层初始化一些默认框,并对这些默认框进行调整,以达到最优分类预测和回归预测。图8.2中虚线框表示默认框,浅色虚线框表示真实框。数字4、6、6、6、4、4分别表示6个尺度下每个特征图小格中默认框的数量。例如,如果一个具有38×38单元格的特征图每个单元格有4个默认框,那么在特征图中就会有$38\times38\times4=5776$个默认框。实验需要计算每个默认框的大小和中心。输入图像的大小为300×300,默认

图 8.1 SSD网络结构

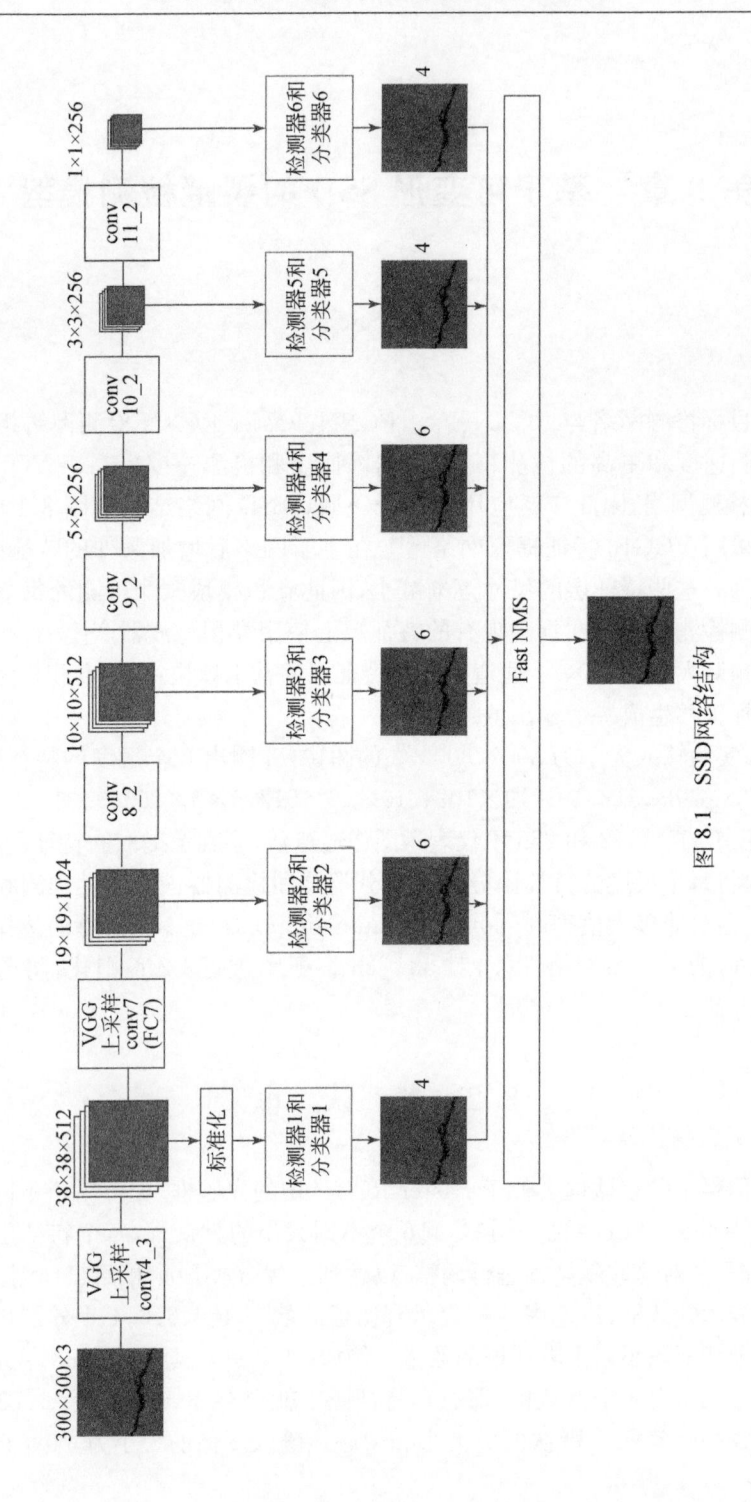

框的计算公式为

$$s_k = s_{\min} + \frac{s_{\max} - s_{\min}}{m-1}(k-1), \quad k \in [1, m] \tag{8.1}$$

$$a_r \in \left\{1, 2, 3, \frac{1}{2}, \frac{1}{3}\right\} \tag{8.2}$$

$$w_k^a = s_k \sqrt{a_r} \tag{8.3}$$

$$h_k^a = s_k / \sqrt{a_r} \tag{8.4}$$

$$(c_x, c_y) = \left(\frac{i+0.5}{|f_k|}, \frac{j+0.5}{|f_k|}\right); \quad i, j \in [0, |f_k|] \tag{8.5}$$

式中,s_k 为每个特征图中默认框的比例;$s_{\max}$ 和 $s_{\min}$ 分别为 0.9 和 0.2,即最大特征层的尺度为 0.9,最小特征层的尺度为 0.2;a_r 为对默认框施加的不同长宽比;w_k^a 和 h_k^a 分别为每个默认框的宽度和高度。当 $a_r = 1$ 时 $s_k' = \sqrt{s_k s_{k+1}}$,以增加默认框的数量,得到六种默认框。计算每个小格的中心点 (c_x, c_y),如式(8.5)所示,其中 $|f_k|$ 为第 k 个特征图的大小。

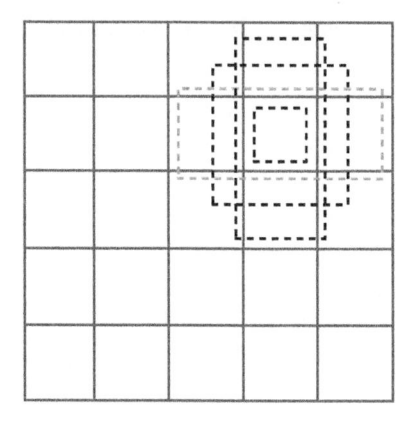

图 8.2　5×5 特征图

8.3　网络结构

1. 编码

在编码过程中,参数 g_xy 和 g_wh 从默认框调整为真实框,具体表达式为

$$g\_xy = ([x_1, y_1] - [x_0, y_0]) / (v_0 \cdot [h_0, w_0]) \tag{8.6}$$

$$g\_wh = \ln([h_1, w_1] / [h_0, w_0]) / v_1 \tag{8.7}$$

式中，$[x_1,y_1]$ 表示真实框的中心点坐标；h_1、w_1 分别表示真实框的高度和宽度；$[x_0,y_0]$ 表示默认框的中心点坐标；h_0、w_0 分别表示默认框的高度和宽度；v_0 和 v_1 分别等于 0.1 和 0.2。

2. 解码

解码过程是得到预测框的过程，具体表达式为

$$[x,y]=[x_0,y_0]+\text{loc}[:,:2]\cdot v_0\cdot[h_0,w_0] \tag{8.8}$$

$$[h,w]=[h_0,w_0]\cdot\exp(\text{loc}[:,2:]\cdot v_1) \tag{8.9}$$

式中，x、y 为预测框的中心坐标；h、w 分别为预测框的高度和宽度；loc 为位置参数。

3. loss 函数

SSD 网络的 loss 函数是多任务 loss 函数，包括分类 loss 和回归 loss[式(8.10)～式(8.17)]。本书称默认框中包含目标的样本为正样本，默认框中不包含目标的样本为负样本。大多数默认框不包含目标，导致正负样本不均匀。为了平衡正负样本，实验将正负样本的比例设置为 1∶3。分类 loss 包括正样本 loss 和负样本 loss，采用多分类交叉熵损失函数。负样本不需要定位，因此回归 loss 只包括正样本 loss，采用 smooth_L1_loss 函数。

$$L(x,c,l,g)=\frac{1}{N}(L_{\text{conf}}(x,c)+\alpha L_{\text{loc}}(x,l,g)) \tag{8.10}$$

$$L_{\text{loc}}=(x,l,g)=\sum_{i\in\text{Pos}}^{N}\sum_{m\in\{Cx,Cy,w,h\}}x_{ij}^p\text{smooth}_{L1}(l_i^m-\hat{g}_j^m) \tag{8.11}$$

$$\hat{g}_j^{Cx}=(g_j^{Cx}-d_i^{Cx})/d_i^w \tag{8.12}$$

$$\hat{g}_j^{Cy}=(g_j^{Cy}-d_i^{Cy})/d_i^h \tag{8.13}$$

$$\hat{g}_j^w=\ln\left(\frac{g_j^w}{d_i^w}\right) \tag{8.14}$$

$$\hat{g}_j^h=\ln\left(\frac{g_j^h}{d_i^h}\right) \tag{8.15}$$

$$L_{\text{conf}}=-\sum_{i\in\text{Pos}}^{N}x_{ij}^p\ln(\hat{c}_i^p)-\sum_{i\in\text{Neg}}\ln(c_i^0) \tag{8.16}$$

$$\hat{c}_i^p=\frac{\exp(c_i^p)}{\sum_{p\in k}\exp(c_i^p)} \tag{8.17}$$

式中，N 为匹配的默认框个数；i、j 分别为预测框和真实框的数量；p 为类别数；$\hat{c}_i^p$ 为第 i 个预测框预测类别 p 的概率，$p=0$ 为背景；L_{conf} 为置信度 loss；L_{loc} 为位置 loss；α 为平衡分类 loss 和回归 loss 的权重项，设置为 1；$x_{ij}^p=\{1,0\}$，表示第 k 个类

别的第 i 个预测框与第 j 个真实框是否匹配；l_i^m 为第 i 个预测框；(d_i^{Cx}, d_i^{Cy})、d_i^w 和 d_i^h 分别为第 i 个默认框的中心、宽度和高度；$\hat{g}_j^m$ 表示第 j 个真实框。

4. 非极大值抑制

非极大值抑制主要解决目标被多次检测的问题[59]，首先从所有检测框中找出置信度最高的框，然后依次计算其与其他框的交并比。若该值大于阈值，则移除该框，对其他检测框重复此过程，直到处理完所有检测框，交并比阈值设置为 0.45。

5. 可变形卷积

在 CNN 中加入可变形卷积可以提升网络的性能[155-157]，例如，在由 ResNet 或 CSPDarkNet 作为主干特征提取网络组成的目标检测网络中加入可变形卷积，可以提高网络的检测性能[158]。与标准卷积相比，可变形卷积在每个采样点增加一个偏移变量，以增强其对几何变形的适应性，即

$$y(P_0) = \sum_{P_n \in R} w(P_n) x(P_0 + P_n + \Delta P_n) \tag{8.18}$$

$$R = \{(-1, -1), (-1, 0), \cdots, (0, 1), (1, 1)\} \tag{8.19}$$

式中，P_n 为卷积窗口中的像素值；w 为卷积核的权值；R 为 3×3 的标准卷积核；ΔP_n 为某个像素的偏移量。

图 8.3 展示了可变形卷积的实现过程。可变形卷积的卷积核能适应物体的形状特征，匹配物体的形状变化。卷积区域总是覆盖周围的物体，可变形卷积的采样点不是均匀分布的，根据被检测对象的形状分布在被检测对象的内部。与标准卷积相比，可变形卷积具有更强的尺度建模能力和更大的接收域。

6. 可变形 SSD

原 SSD 采用 VGG16 作为主干特征提取网络，采用标准卷积提取特征。本书在 VGG16 网络的 conv7 后面添加了一个可变形卷积（D_conv），表 8.1 显示了其参数设置。

表 8.1 可变形卷积的参数设置

名称	类型	卷积	数量	步长	padding	卷积核大小
坐标偏移量	conv	3×3	18	1	2	10×10
特征图	D_conv	3×3	1024	1	2	10×10

当输入裂缝图像时，对所提出的网络进行如下操作：
(1) 通过批处理归一化，将裂缝图像的大小变为 300×300。

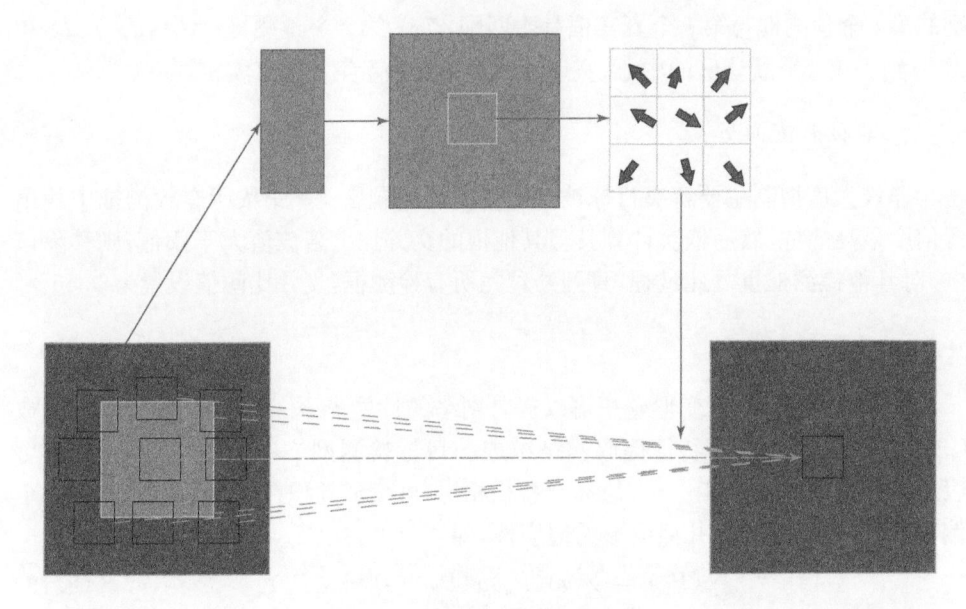

图 8.3　可变形卷积的实现过程

(2)裂缝图像通过 VGG16 网络提取不同尺度的特征图。
(3)根据式(8.1)~式(8.5)生成默认框。
(4)预测单元格中默认框形状的偏移量。
(5)预测每个框类的置信度。
(6)根据 IoU 和非极大值抑制,将真实框与预测框进行匹配。
(7)利用式(8.10)~式(8.17)计算 loss。

8.4　实验过程与检测结果

8.4.1　实验过程

实验是在 Windows 10 操作系统下进行的,使用 Intel(R)Core(TM)i9-9900K CPU,3.60GHz,NVIDIA GTX 2080Ti GPU 和 12GB 内存。为了验证所提出模型的适用性,实验首先在 PASCAL VOC2007 数据集上测试了模型,并使用预训练权重和迁移学习来训练模型,设置初始学习率为 0.0005,epoch 为 40,一个 epoch 表示模型训练一轮,其测试结果如表 8.2 所示。所提出模型的 mAP 值比原始 SSD 模型提高了 3.1%,每个类别的 AP 值都有所提高。在长时间的训练过程中,对模型进行微调是避免过拟合和模型退化的有效方法。为了更好地训练模型,获得更好的训练结果,实验将训练过程分为两个阶段,在第二个阶段对训练参数进行微调,表 8.3 给出了不同模型在不同阶段的参数设置。在训练可变形 SSD 时,实验采用迁移学习的思想,将训练后的 SSD 模型作为可变形 SSD 模型的初始权值进行训练。由于训练过程较短,实验没有将模型分成两个阶段进行训练。为了突出模型的优越性,实验将其与原始 SSD 模型以及 YOLOv4 模型进行比较。

表 8.2 模型在 PASCAL VOC2007 数据集上的测试结果

模型	mAP/%	Aero	Bike	Bird	Boat	Bottle	Bus	Car	Cat
SSD	68.0	73.4	77.5	64.1	59.0	38.9	75.2	80.8	78.5
		Chair	Cow	Table	Dog	Horse	Mbike	Person	Plant
		46.0	67.8	69.2	76.6	82.1	77.0	72.5	41.2
		Sheep	Sofa	Train	TV				
		64.2	69.1	78.0	68.5				
改进可变形 SSD	71.1	Aero	Bike	Bird	Boat	Bottle	Bus	Car	Cat
		75.6	81.9	65.6	61.6	39.7	80.1	85.2	81.5
		Chair	Cow	Table	Dog	Horse	Mbike	Person	Plant
		49.8	72.2	70.0	79.8	82.3	80.2	77.9	42.1
		Sheep	Sofa	Train	TV				
		66.5	74.5	84.8	69.3				

表 8.3 不同模型在不同阶段的参数设置

模型	第一阶段:迭代次数 1~50		第二阶段:迭代次数 51~100	
	批量大小	初始学习率	批量大小	初始学习率
YOLOv4	16	0.0005	8	0.0001
SSD	16	0.0005	8	0.0001
改进可变形 SSD	8	0.0005	—	—

实验绘制了三种模型在训练过程中的 loss 曲线,如图 8.4 所示。实验结果表明,所提出模型收敛速度最快,loss 最小。

为了评估模型的性能,实验采用了以下指标:精确度、召回率、F1 分数、AP、mAP 和每秒帧率(frames per second,FPS),具体计算公式分别为

$$\text{Precision} = \frac{\text{TP}}{\text{TP} + \text{FP}} \tag{8.20}$$

$$\text{Recall} = \frac{\text{TP}}{\text{TP} + \text{FN}} \tag{8.21}$$

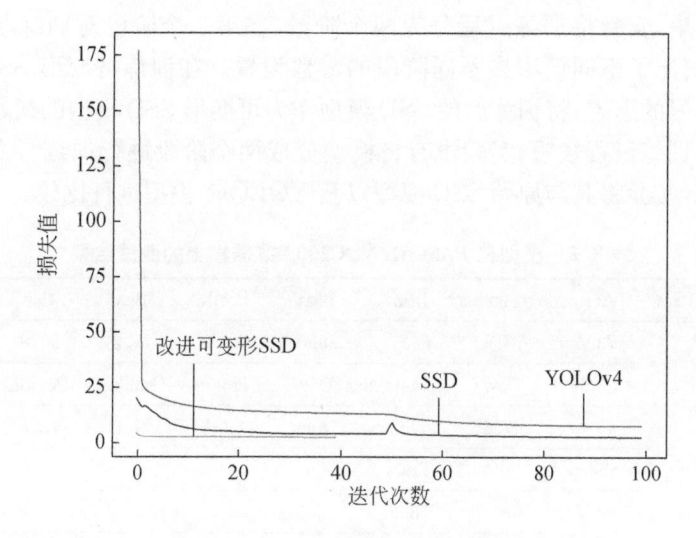

图 8.4　不同模型的 loss 曲线

$$F1 = \frac{2(\text{Precision} \cdot \text{Recall})}{\text{Precision} + \text{Recall}} \tag{8.22}$$

$$AP = \sum_{k=1}^{N} P(k)\Delta R(k) \tag{8.23}$$

$$mAP = \sum_{i=1}^{m} \frac{AP}{m} \tag{8.24}$$

$$FPS = \frac{N}{\text{elapsedTime}} \tag{8.25}$$

式中,TP 表示正确的定位结果;FP 表示错误的定位结果;FN 表示预测错误的结果,例如,图片中有一个目标,但没有绘制出预测框;N 表示预测样本个数;Δ 表示差分;m 表示类别个数;elapsedTime 表示 N 个样本预测所需的时间,单位为 s;FPS 表示每秒帧率,即每秒检测到的图像数量,是评价模型检测速度的重要指标。

实验在测试集中计算了三种模型的不同指标,如表 8.4 所示。改进可变形 SSD 在测试集中 mAP 值最高,分别比 SSD 和 YOLOv4 模型高 0.55% 和 10.4%,性能最优。YOLOv4 模型只获取了三个尺度的特征,对大尺度目标物的检测效果较差,而网状裂缝通常覆盖整个图像,如图 8.5 所示,这就需要一个大规模的目标检测特征层来获取全局特征,而 YOLOv4 网络的性能最差。SSD 网络有 6 个尺度特征层,包括大尺度特征层,适用于网状裂缝检测。指标 FPS 显示,改进可变形 SSD 的检测速度比 YOLOv4 模型快,略慢于 SSD 模型。实验采用迁移学习对模型进行训练,大大缩短了训练时间。在加入可变形卷积后,模型复杂度增加,需要在训练过程中分配更多的内存。结果表明,改进可变形 SSD 模型和 SSD 模型在网状裂缝的精度、召回率和 F1 分数方面均有较大的提高,验证了 YOLOv4 模型在大规模目标检测方面的性能较差。该模型在网状裂缝和裂缝修补面的 AP 值最高,其他类别的 AP 值也较高,表明该模型更适合裂缝检测。

表 8.4 三种模型的测试结果

模型		横向裂缝	纵向裂缝	网状裂缝	裂缝修补面	路面标线
YOLOv4 mAP:74.71% FPS:49.28	Precision	90.50%	85.50%	60.42%	88.17%	84.91%
	Recall	39.62%	41.62%	32.95%	85.39%	91.22%
	F1	0.55	0.56	0.43	0.87	0.88
	AP	68.41%	68.36%	47.35%	91.88%	97.53%
	训练时间:52860s		内存:8957MB			
SSD mAP:84.56% FPS:96.41	Precision	93.41%	93.10%	85.48%	89.61%	75.00%
	Recall	52.62%	55.43%	60.23%	91.40%	97.30%
	F1	0.67	0.69	0.71	0.90	0.85
	AP	82.15%	85.93%	73.59%	92.46%	88.67%
	训练时间:22798s		内存:8948MB			
改进可变形 SSD mAP:85.11% FPS:71.42	Precision	94.52%	95.58%	83.87%	90.59%	78.82%
	Recall	45.20%	47.84%	59.09%	88.25%	90.54%
	F1	0.61	0.64	0.69	0.89	0.84
	AP	82.10%	85.57%	76.08%	92.83%	88.99%
	训练时间:13652s		内存:9003MB			

图 8.5 网状裂缝识别结果

以网状裂缝为例,实验在改变置信阈值的同时绘制了精度和F1分数变化曲线,如图8.6和图8.7所示。由图可知,精度随着置信阈值的增加而增加,而F1分

(a) YOLOv4模型精度曲线

(b) SSD模型精度曲线

(c) 改进可变形SSD模型精度曲线

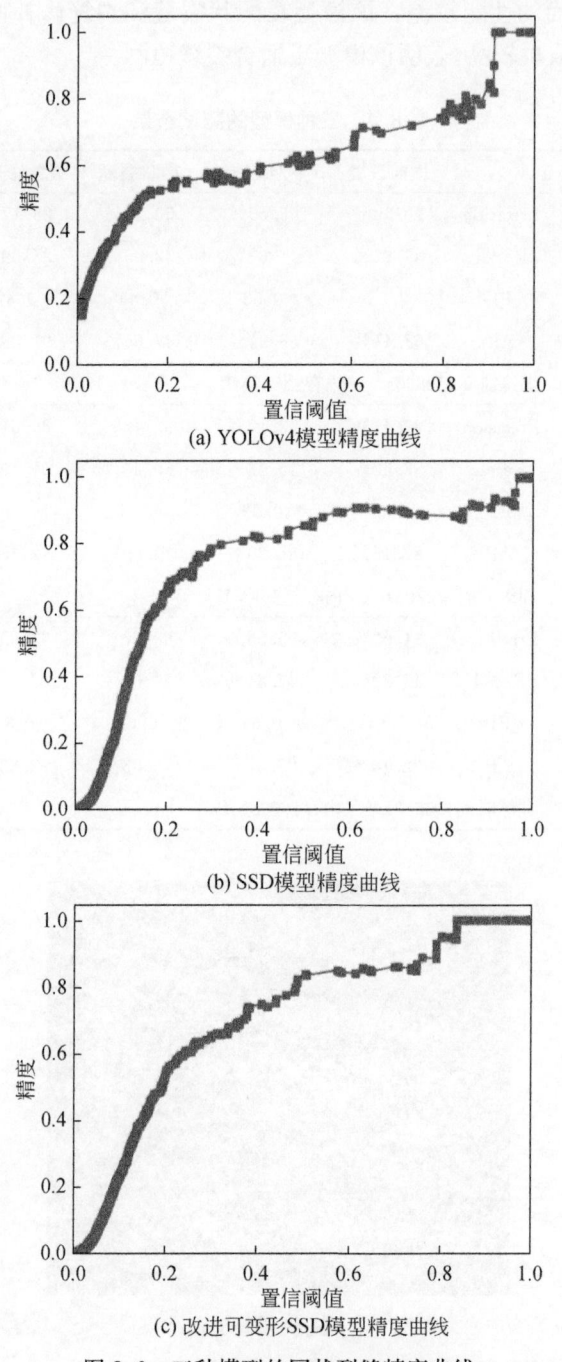

图8.6 三种模型的网状裂缝精度曲线

(a) YOLOv4模型F1分数曲线

(b) SSD模型F1分数曲线

(c) 改进可变形SSD模型F1分数曲线

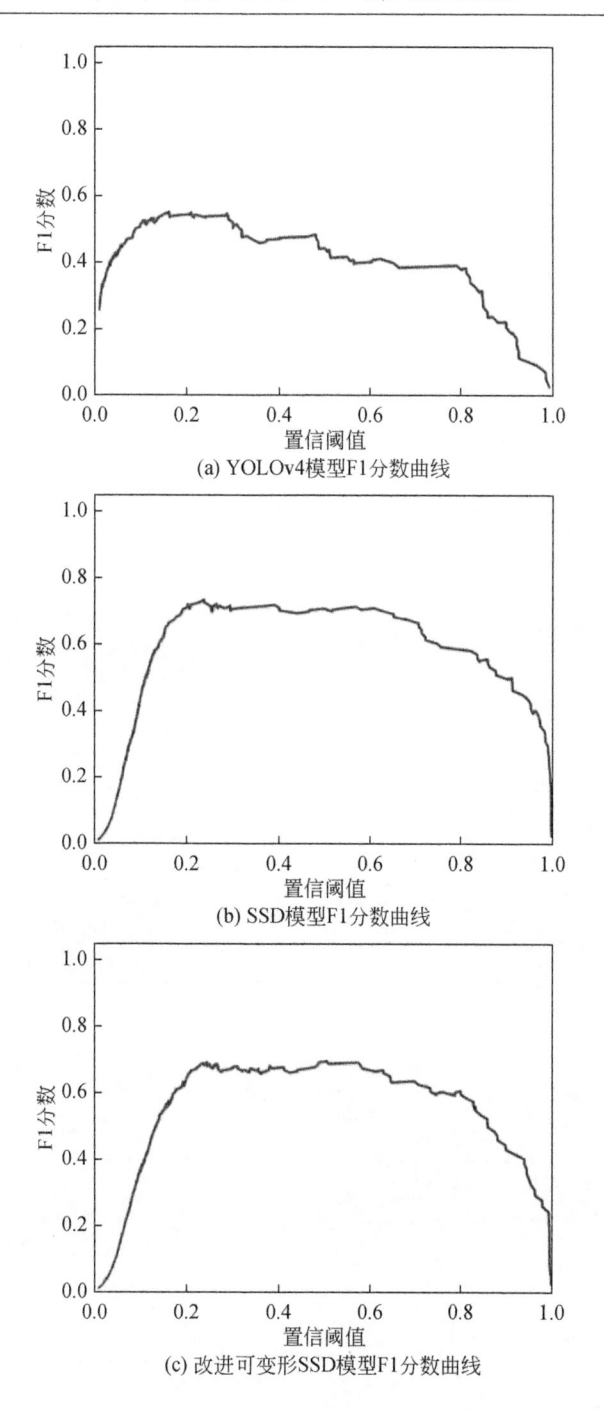

图 8.7　三种模型的网状裂缝 F1 分数曲线

数随着置信阈值的增加先升高后降低。因此,根据实验结果将置信阈值设置为0.5。

8.4.2 检测结果

图8.8(a)~(f)是大小为562×562的图像检测结果,图8.8(i)是原始图像检测结果。图8.8显示,本章提出的模型不仅检测到了不同路面类型的裂缝,还检测到路面上的裂缝修补面和路面标线,这对于消除裂缝修补面和路面标线的干扰是很重要的。该模型不仅可以检测出不同路面背景下的裂缝病害图像,而且可以检测出不同尺寸的裂缝病害图像,因此具有较强的适用性。然而由图8.8(d)、(g)和(i)可以看出,图像边缘和多目标检测存在遗漏。在裂缝检测过程中,实验使用带有GPU的计算机可实现快速检测,因此,计算机硬件配置越高,检测的速度就越快,检测效率也会越高。需要注意的是,目前提出的模型不适用于移动或小型硬件的裂缝检测。

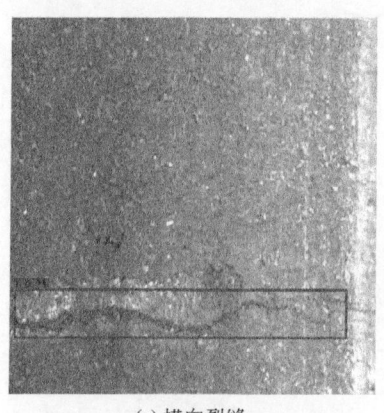

(a) 横向裂缝

(b) 纵向裂缝

(c) 裂缝修补面

(d) 网状裂缝

第 8 章 基于可变形 SSD 的裂缝检测模型

(e) 不同灰度下的纵向裂缝

(f) 路面标线

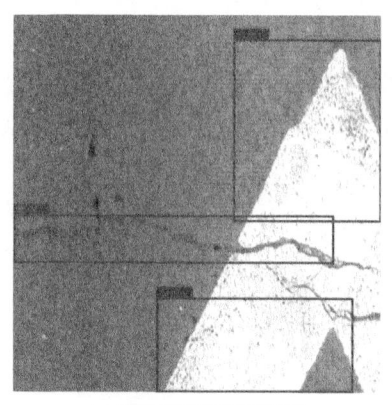

(g) 横向裂缝与路面标线

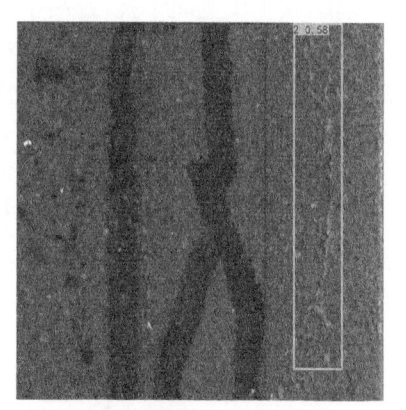

(h) 纵向裂缝与裂缝修补面

(i) 不同灰度下的网状裂缝

图 8.8 检测结果

8.5 本章小结

针对复杂环境下沥青公路路面裂缝的检测问题,本章提出一种新的目标检测模型——可变形 SSD 模型。根据前述对可变形 SSD 模型的分析讨论,得出以下结论:

(1)在裂缝检测数据集上标注裂缝的类别和位置,并使用目标检测网络训练裂缝检测模型,可以有效地检测裂缝的类别和位置。获取这些信息对实现裂缝检测的自动化和智能化具有重要意义。

(2)收集不同路面的裂缝病害图像,增加样本多样性,将裂缝修补面和路面标线加入数据集,减少了类间干扰,提高了模型的泛化能力。

(3)通过在网络中添加可变形卷积来改进 SSD 网络,可以提升模型性能。在训练过程中采用微调可以避免过拟合和模型退化,迁移学习可以加速模型收敛。PASCAL VOC 2007 和本书数据集的对比实验表明,该模型的性能优于原始 SSD 和 YOLOv4 模型。

(4)检测结果表明,该模型不仅可以检测复杂环境中的裂缝,而且可以检测多目标的裂缝病害图像。然而,图像边缘的裂缝检测难度较大,因此需要研究增强图像边缘裂缝检测的方法。

参 考 文 献

[1] 徐志祥. 高速公路养护工作存在的问题及发展对策研究[C]//中国公路学会养护与管理分会第十二届学术年会,杭州,2022:630-634.

[2] 郭元. 公路养护工作中存在的问题及解决措施[J]. 交通世界,2019,(24):44-45.

[3] 雷斯达,曹鸿猷,康俊涛. 基于深度学习的复杂场景下混凝土表面裂缝识别研究[J]. 公路交通科技,2020,37(12):80-88.

[4] Nima S,Omar S,Arezoo M,et al. An automatic image processing algorithm based on crack pixel density for pavement crack detection and classification[J]. International Journal of Pavement Research and Technology,2021,15(1):1-14.

[5] 唐琳. 世界首台百亿亿次超级计算机打破速度纪录[J]. 科学新闻,2023,25(1):26.

[6] 巴华为. 深度学习技术在智慧高速公路中的应用[J]. 中国交通信息化,2023,281(S1):20-23.

[7] Faisal M,Shabir A,Keun T W. An efficient optimization technique for training deep neural networks[J]. Mathematics,2023,11(6):1360.

[8] 李彦冬,郝宗波,雷航 卷积神经网络研究综述[J]. 计算机应用,2016,36(9):2508-2515,2565.

[9] Sun K,Xiao B,Liu D,et al. Deep high-resolution representation learning for human pose estimation[C]//2019 IEEE/CVF Conference on Computer Vision and Pattern Recognition,Long Beach,2019:5686-5696.

[10] Dalal N,Triggs B. Histograms of oriented gradients for human detection[C]//2005 IEEE Computer Society Conference on Computer Vision and Pattern Recognition,San Diego,2005:886-893.

[11] Cruz-Mota J,Bogdanova I,Paquier B,et al. Scale invariant feature transform on the sphere:Theory and applications[J]. International Journal of Computer Vision,2012,98(2):217-241.

[12] Bay H,Tuytelaars T,Gool L V. SURF:Speeded up robust features[C]//Proceedings of European Conference on Computer Vision,Berlin,2006:404-417.

[13] el-Sawy A,el-Bakry H,Loey M. CNN for handwritten arabic digits recognition based on LeNet-5[C]//Proceedings of International Conference on Advanced Intelligent Systems and Informatics,Cham,2016:566-575.

[14] Iandola F N,Han S,Moskewicz M W,et al. SqueezeNet:AlexNet-level accuracy with 50x fewer parameters and <0.5MB model size[EB/OL]. https://www.doc88.com/p-2062558331323.html?r=1[2023-01-05].

［15］Ballester P,Araujo R M. On the performance of GoogLeNet and AlexNet applied to sketches[C]//Proceedings of The AAAI Conference on Artificial Intelligence,Phoenix,2016:1124-1128.

［16］Targ S,Almeida D,Lyman K. Resnet in resnet:Generalizing residual architectures[EB/OL]. https://arxiv.org/abs/1603.08029[2022-12-10].

［17］魏伟波. 图像分割算法综述[J]. 世界科技研究与发展,2009,(6):1074-1078.

［18］谢鹏鹤. 图像阈值分割算法研究[D]. 湘潭:湘潭大学,2012.

［19］张锦,赖祖龙,孙杰. Otsu法、区域生长法及形态学相结合的遥感图像海岸线提取[J]. 测绘通报,2020,(10):89-92.

［20］刘建思,尹丽菊,潘金凤,等. 基于参数化对数图像处理模型的光照不均匀图像的边缘检测算法[J]. 激光与光电子学进展,2021,58(22):2210005.

［21］Long J,Shelhamer E,Darrell T. Fully convolutional networks for semantic segmentation[C]// 2015 IEEE Conference on Computer Vision and Pattern Recognition,Boston,2015:3431-3440.

［22］Ronneberger O,Fischer P,Brox T. U-net:Convolutional networks for biomedical image segmentation[C]//International Conference on Medical Image Computing and Computer-Assisted Intervention,Cham,2015:234-241.

［23］Chen L C,Papandreou G,Kokkinos I,et al. DeepLab:Semantic image segmentation with deep convolutional nets,atrous convolution,and fully connected CRFs[J]. IEEE Transactions on Pattern Analysis and Machine Intelligence,2017,40(4):834-848.

［24］He K,Gkioxari G,Dollár P,et al. Mask R-CNN[C]//2017 IEEE International Conference on Computer Vision,Venice,2017:2980-2988.

［25］高建贞,任明武,唐振民,等. 路面裂缝的自动检测与识别[J]. 计算机工程,2003,29(2):149-150.

［26］唐磊,赵春霞,王鸿南,等. 路面图像增强的多偏微分方程融合法[J]. 中国图象图形学报,2008,13(9):755-759.

［27］李清泉,胡庆武. 基于图像自动匀光的路面裂缝图像分析方法[J]. 公路交通科技,2010,27(4):1-5,27.

［28］Li B X,Wang K C P,Zhang A,et al. Automatic segmentation and enhancement of pavement cracks based on 3D pavement images[J]. Journal of Advanced Transportation,2019,(5):1-9.

［29］Cao T,Wang W X. Depth image enhancement and detection on NSCT and fractional differential[J]. Wireless Personal Communications,2018,103(1):1025-1035.

［30］Zhang D Q,Qu S R,He L,et al. Automatic ridgelet image enhancement algorithm for road crack image based on fuzzy entropy and fuzzy divergence[J]. Optics and Lasers in Engineering,2009,47(11):1216-1225.

［31］Tsai Y C,Kaul V,Mersereau R M. Critical assessment of pavement distress segmentation methods[J]. Journal of Transportation Engineering,2010,136(1):11-19.

[32] Mohan A R, Poobal S. Crack detection using image processing: A critical review and analysis[J]. Alexandria Engineering Journal,2018,57(2):787-798.

[33] 孙波成,邱延峻. 路面裂缝图像处理算法研究[J]. 公路交通科技,2008,25(2):64-68.

[34] Wang W X,Wang M F,Li H X,et al. Pavement crack image acquisition methods and crack extraction algorithms: A review[J]. Journal of Traffic and Transportation Engineering, 2019,6(6):535-556.

[35] Zhang Z,Zhang X,Yang S,et al. Research on image processing methods in pavement crack extraction[C]//The 4th Annual International Conference on Information System and Artificial Intelligence,Changsha,2019:1308-1313.

[36] Kheradmandi N, Mehranfar V. A critical review and comparative study on image segmentation-based techniques for pavement crack detection[J]. Construction and Building Materials,2022,321:126162.

[37] Sun L,Kamaliardakani M,Zhang Y M. Weighted neighborhood pixels segmentation method for automated detection of cracks on pavement surface images[J]. Journal of Computing in Civil Engineers,2015,30(2):04015021.

[38] Premachandra C,Murakami M,Gohara R,et al. Improving landmark detection accuracy for self-localization through baseboard recognition[J]. International Journal of Machine Learning and Cybernetics,2017,8(6):1815-1826.

[39] Oliveira H, Pérez-Andrés E,Thevenot J,et al. Magnetic field triggered drug release from polymersomes for cancer therapeutics[J]. Journal of Controlled Release,2013,169(3):165-170.

[40] 孙波成. 基于数字图像处理的沥青路面裂缝识别技术研究[D]. 成都:西南交通大学,2015.

[41] 伯绍波,闫茂德,孙国军,等. 沥青路面裂缝检测图像处理算法研究[J]. 微计算机信息, 2007,23(15):280-282.

[42] 李晋惠. 公路路面裂缝类病害图像处理算法研究[J]. 计算机工程与应用,2003,39(35):212-213,232.

[43] 张娟,沙爱民,孙朝云,等. 基于相位编组法的路面裂缝自动识别[J]. 中国公路学报, 2008,21(2):39-42.

[44] Huang Y X, Xu B G. Automatic inspection of pavement cracking distress[J]. Journal of Electronic Imaging,2006,15(1):013017.

[45] Li Q Q,Zou Q,Zhang D Q,et al. FoSA: F* seed-growing approach for crack-line detection from pavement images[J]. Image and Vision Computing,2011,29(12):861-872.

[46] Yan M D,Bo S B,Xu K,et al. Pavement crack detection and analysis for high-grade highway[C]//The 8th International Conference on Electronic Measurement and Instruments,Xi'an,2007:548-552.

[47] 刘凡凡,徐国爱,肖靖,等. 基于连通域相关及 Hough 变换的公路路面裂缝提取[J]. 北京邮电大学学报,2009,32(2):24-28.

[48] Wang K, Li Q, Gong W. Wavelet-based pavement distress image edge detection with à

trous algorithm[J]. Transportation Research Record Journal of the Transportation Research Board, 2007, 2024: 73-81.

[49] 王刚, 贺安之, 肖亮. 基于高速公路裂纹局部线性特征内容的脊波变换域算法研究[J]. 光学学报, 2006, 26(3): 341-346.

[50] Zuo Y X, Wang G Q, Zuo C C. Wavelet packet denoising for pavement surface cracks detection[C]//2008 International Conference on Computational Intelligence and Security, Suzhou, 2008: 481-484.

[51] Liu X Z, Ai Y F, Scherer S. Robust image-based crack detection in concrete structure using multi-scale enhancement and visual features[C]//2007 IEEE International Conference on Image Processing(ICIP), Beijing, 2017: 2304-2308.

[52] Hoang N D, Nguyen Q L. A novel method for asphalt pavement crack classification based on image processing and machine learning[J]. Engineering with Computers, 2019, 35(2): 487-498.

[53] Wang W, Liu S. Online burning material pile detection on color clustering and quaternion based edge detection in boiler[J]. KSII Transactions on Internet and Information Systems, 2015, 9(1): 190-207.

[54] 初秀民, 王荣本. 基于神经网络的沥青路面破损图像识别研究[J]. 武汉理工大学学报(交通科学与工程版), 2004, 28(3): 373-376.

[55] Wu G F, Sun X M, Zhou L P, et al. Research on crack detection algorithm of asphalt pavement[C]//2015 IEEE International Conference on Information and Automation, Lijiang, 2015: 647-652.

[56] 胡勇, 赵春霞, 郭志波. 基于多尺度布朗运动模型的路面破损检测[J]. 计算机工程与应用, 2008, 44(3): 234-235.

[57] 王华, 朱宁, 王祁. 应用计盒维数方法的路面裂缝图像分割[J]. 哈尔滨工业大学学报, 2007, 39(1): 142-144.

[58] Liao Y, Wang W. Improved graph MST-based image segmentation with non-subsampled contourlet transform[J]. Journal of South China University of Technology(Natural Science Edition), 2017, 45(7): 143-152.

[59] 邹勤, 李清泉, 毛庆洲, 等. 利用目标点最小生成树的路面裂缝检测[J]. 武汉大学学报(信息科学版), 2011, 36(1): 71-75.

[60] Zhao G T, Wang T Q, Ye J Y. Anisotropic clustering on surfaces for crack extraction[J]. Machine Vision and Applications, 2015, 26(5): 675-688.

[61] Yang R R, Niu J Q, Meng H F. Pavement crack extraction using iterative clustering algorithm based on manifold distance[J]. Computer Engineering, 2011, 37(12): 212-214.

[62] 王德方, 曾卫明, 王倪传. 基于改进K-means算法的不均匀光照下道路裂缝检测[J]. 计算机应用与软件, 2015, 32(7): 244-247, 300.

[63] Shi Y, Cui L M, Qi Z Q, et al. Automatic road crack detection using random structured forests[J]. IEEE Transactions on Intelligent Transportation Systems, 2016, 17(12): 3434-3445.

[64] 李清泉,邹勤,毛庆洲. 基于最小代价路径搜索的路面裂缝检测[J]. 中国公路学报,2010,23(6):28-33.

[65] 张洪光,王祁,魏玮. 基于人工种群的路面裂纹检测[J]. 南京理工大学学报,2005,29(4):389-393.

[66] 李刚. 基于灰色系统理论的路面图像裂缝检测算法研究[D]. 武汉:武汉理工大学,2010.

[67] Medina R, Llamas J, Zalama E, et al. Enhanced automatic detection of road surface cracks by combining 2D/3D image processing techniques[C]//2016 IEEE International Conference on Image Processing, Paris, 2014:778-782.

[68] Simonyan K, Zisserman A. Two-stream convolutional networks for action recognition in videos[J]. Advances in Neural Information Processing Systems, 2014, 6:1-9.

[69] Girshick R. Fast R-CNN[J]. Computer Science, 2015, (10):1-11.

[70] Sun Y N, Sun X, Fang Y H, et al. A novel training protocol for performance predictors of evolutionary neural architecture search algorithms[J]. IEEE Transactions on Evolutionary Computation, 2021, 25(3):524-536.

[71] Chen F C, Jahanshahi M R. NB-CNN: Deep learning-based crack detection using convolutional neural network and naive Bayes data fusion[J]. IEEE Transactions on Industrial Electronics, 2018, 65(5):4392-4400.

[72] Lee D H, Kim J, Lee D. Robust concrete crack detection using deep learning-based semantic segmentation[J]. International Journal of Aeronautical and Space Sciences, 2019, 20(1):287-299.

[73] Tong Z, Gao J E, Han Z Q, et al. Recognition of asphalt pavement crack length using deep convolutional neural networks[J]. Road Materials and Pavement Design, 2018, 19(6):1334-1349.

[74] 柯文豪,陈华鑫,雷宇,等. 基于GRNN神经网络的沥青路面裂缝预测方法[J]. 深圳大学学报(理工版),2017,34(4):378-384.

[75] Cha Y J, Choi W, Buyukozturk O. Deep learning-based crack damage detection using convolutional neural networks[J]. Computer-Aided Civil and Infrastructure Engineering, 2017, 32(5):361-378.

[76] Dorafshan S, Thomas R J, Maguire M. SDNET2018: An annotated image dataset for non-contact concrete crack detection using deep convolutional neural networks[J]. Data in Brief, 2018, 21:1664-1668.

[77] Dorafshan S, Thomas R J, Maguire M. Comparison of deep convolutional neural networks and edge detectors for image-based crack detection in concrete[J]. Construction and Building Materials, 2018, 186:1031-1045.

[78] Ni F T, Zhang J, Chen Z Q. Pixel-level crack delineation in images with convolutional feature fusion[J]. Structural Control and Health Monitoring, 2019, 26(1):2286.1-2286.18.

[79] 张志华,温亚楠,慕号伟,等. 结合双注意力机制的道路裂缝检测[J]. 中国图象图形学报,2022,27(7):2240-2250.

[80] Mei Q, Gul M. A cost effective solution for pavement crack inspection using cameras and deep neural networks[J]. Construction and Building Materials, 2020, 256: 119397.

[81] Zhang A, Wang K C P, Li B X, et al. Automated pixel-level pavement crack detection on 3D asphalt surfaces using a deep-learning network[J]. Computer-aided Civil and Infrastructure Engineering, 2017; 32(10): 805-819.

[82] 欧阳林澍. 自动驾驶场景下实时路面裂缝检测技术研究与实现[D]. 北京: 北京邮电大学, 2018.

[83] Zou Q, Ni L H, Zhang T, et al. Deep learning based feature selection for remote sensing scene classification[J]. IEEE Geoscience and Remote Sensing Letters, 2015, 12(11): 2321-2325.

[84] Liu J, Tsao C W, Aday A W, et al. Heart disease and stroke statistics-2022 update: A report from the american heart association[J]. Circulation, 2022, 146(10): e153-e639.

[85] Prashanth D S, Mehta R V K, Ramana K. et al. Handwritten devanagari character recognition using modified lenet and alexnet convolution neural networks[J]. Wireless Personal Communications, 2022, 122(1): 349-378.

[86] Tang Y Z, Zhang A A, Luo L, et al. Pixel-level pavement crack segmentation with encoder-decoder network[J]. Measurement, 2021, 184: 109914.

[87] Pei L L, Sun Z Y, Xiao L Y, et al. Virtual generation of pavement crack images based on improved deep convolutional generative adversarial network[J]. Engineering Applications of Artificial Intelligence, 2021, 104: 104376.

[88] Yan K, Zhang Z H. Automated asphalt highway pavement crack detection based on deformable single shot multi-box detector under a complex environment[J]. IEEE Access, 2021, 9: 150925-150938.

[89] Chen T Y, Cai Z H, Zhao X, et al. Pavement crack detection and recognition using the architecture of segNet[J]. Journal of Industrial Information Integration, 2020, 18(2): 100144.

[90] 陈健昌, 张志华. 融于图像多特征的路面裂缝智能化识别[J]. 科学技术与工程, 2021, 21(24): 10491-10497.

[91] 车艳丽. 基于深度学习的路面裂缝分类与识别技术研究与实现[D]. 西安: 长安大学, 2018.

[92] 肖琳. 基于深度学习多模型融合的路面裂缝识别算法研究[D]. 西安: 长安大学, 2019.

[93] 刘刚战. 基于深度学习的公路裂缝识别研究[D]. 洛阳: 河南科技大学, 2018.

[94] 张伯树, 张志华, 张洋. 改进的HRNet应用于路面裂缝分割与检测[J]. 测绘通报, 2022, (3): 83-89.

[95] Kalchbrenner N, Grefenstette E, Blunsom P. A convolutional neural network for modelling sentences[EB/OL]. https://arxiv.org/pdf/1404.2188.pdf[2018-12-11].

[96] 张晋. 基于局部感知的场景图像识别[D]. 合肥: 合肥工业大学, 2019.

[97] 任虹珊. 基于深度压缩的卷积神经网络压缩算法研究[D]. 南京: 东南大学, 2019.

[98] Wang P Q, Chen P F, Yuan Y, et al. Understanding convolution for semantic segmentation

[C]//2018 IEEE Winter Conference on Applications of Computer Vision(WACV),Lake Tahoe,2018:1451-1460.

[99] Yu D,Wang H,Chen P,et al. Mixed pooling for convolutional neural networks[C]// International Conference on Rough Sets and Knowledge Technology,Cham,2014:364-375.

[100] Sainath T N,Vinyals O,Senior A,et al. Convolutional, long short-term memory, fully connected deep neural networks[C]//2015 IEEE International Conference on Acoustics, Speech and Signal Processing(ICASSP),South Brisbane,2015:4580-4584.

[101] Leshno M,Lin V Y,Pinkus A,et al. Multilayer feedforward networks with a nonpolynomial activation function can approximate any function[J]. Neural Networks,1993,6(6): 861-867.

[102] Christoffersen P,Jacobs K. The importance of the loss function in option valuation[J]. Journal of Financial Economics,2004,72(2):291-318.

[103] 涂生辉,杨锦涛,李立夏,等. 基于空洞卷积的对抗样本防御技术[J]. 武汉大学学报(工学版),2023,56(5):625-633.

[104] Dai B,Gu C S,Zhao E F,et al. Improved online sequential extreme learning machine for identifying crack behavior in concrete dam[J]. Advances in Structural Engineering,2019, 22(2):402-412.

[105] 邓砚学,张志华,张新秀. 一种新的沥青路面灌封裂缝自动提取方法[J]. 科学技术与工程,2022,22(16):6687-6694.

[106] Liu W,Anguelov D,Erhan D,et al. SSD:Single shot multibox detector[C]//European Conference on Computer Vision,Cham,2016:21-37.

[107] Nagrath P,Jain R,Madan A,et al. SSDMNV2:A real time DNN- based face mask detection system using single shot multibox detector and MobileNetV2[J]. Sustainable Cities and Society,2021,66:102692.

[108] 杨仕琴. 基于车全脸特征的车辆身份识别的设计与实现[D]. 西安:西安电子科技大学,2019.

[109] 吴华运,任德均,付磊,等. 基于改进型SSD算法的空瓶表面缺陷检测[J]. 计算机与现代化,2020,(4):121-126.

[110] 王菽裕,吴思,靳玮琨,等. 基于VGG16架构的中国名人面孔识别[J]. 科技风,2020, (7):24.

[111] Bochkovskiy A,Wang C Y,Liao H Y M. YOLOv4:Optimal speed and accuracy of object detection[EB/OL]. https://arxiv.org/abs/2004.10934[2020-04-24].

[112] 尚瑛杰,何虎,杨旭,等. 仿生型脉冲神经网络学习算法和网络模型[J]. 计算机工程与设计,2020,41(5):1390-1397.

[113] Veksler O,Boykov Y,Mehrani P. Superpixels and supervoxels in an energy optimization framework[C]//European Conference on Computer Vision,Berlin,2010:211-224.

[114] Badrinarayanan V,Kendall A,Cipolla R. SegNet:A deep convolutional encoder- decoder architecture for image segmentation[J]. IEEE Transactions on Pattern Analysis and

Machine Intelligence,2017,39(12):2481-2495.

[115] Falk T,Mai D,Bensch R,et al. U-Net:Deep learning for cell counting,detection,and morphometry[J]. Nature Methods,2019,16(1):67-70.

[116] Chen L C,Zhu Y K,Papandreou G,et al. Encoder-decoder with atrous separable convolution for semantic image segmentation[C]//European Conference on Computer Vision,Cham,2018:801-818.

[117] 王潇棠,闫河,刘建骐,等. 一种边缘梯度插值的双分支Deeplabv3+语义分割模型[J]. 智能系统学报,2023,18(3):604-612.

[118] Yang M K,Yu K,Zhang C,et al. Denseaspp for semantic segmentation in street scenes [C]//2018 IEEE/CVF Conference on Computer Vision and Pattern Recognition,Salt Lake City,2018:3684-3692.

[119] 刘平,刘国清,郑伟. 基于Dense ASPP的道路图像语义分割方法[J]. 自动化应用,2022,(10):91-94.

[120] 刘昱辰. 浅谈道路裂缝的成因与处理方式[J]. 数码世界,2018,(2):359.

[121] 杨楠. 基于Caffe深度学习框架的卷积神经网络研究[D]. 石家庄:河北师范大学,2016.

[122] He K,Zhang X,Ren S,et al. Deep residual learning for image recognition[C]//2016 IEEE Conference on Computer Vision and Pattern Recognition,Las Vegas,2016:770-778.

[123] Mnih V,Heess N,Graves A,et al. Recurrent models of visual attention[EB/OL]. https://arxiv.org/pdf/1406.6247v1.pdf[2014-06-24].

[124] 邱锡鹏. 神经网络与深度学习[M]. 北京:机械工业出版社,2020.

[125] 朱张莉,饶元,吴渊,等. 注意力机制在深度学习中的研究进展[J]. 中文信息学报,2019,33(6):1-11.

[126] Hu J,Shen L,Sun G. Squeeze-and-excitation networks[C]//2018 IEEE Conference on Computer Vision and Pattern Recognition,Salt Lake City,2018:7132-7141.

[127] Li H,Xiong P,An J,et al. Pyramid attention network for semantic segmentation[EB/OL]. https://arxiv.org/abs/1805.10180[2018-05-25].

[128] Fu J,Liu J,Tian H,et al. Dual attention network for scene segmentation[C]//2019 IEEE/CVF Conference on Computer Vision and Pattern Recognition,Long Beach,2019:3141-3149.

[129] 翟鹏博,杨浩,宋婷婷,等. 结合注意力机制的双路径语义分割[J]. 中国图象图形学报,2020,25(8):1627-1636.

[130] Yang F,Zhang L,Yu S J,et al. Feature pyramid and hierarchical boosting network for pavement crack detection[J]. IEEE Transactions on Intelligent Transportation Systems,2020,21(4):1525-1535.

[131] Woo S,Park J,Lee J Y,et al. CBAM:Convolutional block attention module[C]//European Conference on Computer Vision(ECCV),Cham,2018:3-19.

[132] Zhao H S,Qi X J,Shen X Y,et al. ICNet for real-time semantic segmentation on high-resolution images[C]//European Conference on Computer Vision(ECCV),Munich,2018:

418-434.

[133] Zhao H,Shi J,Qi X,et al. Pyramid scene parsing network[C]//2017 IEEE Conference on Computer Vision and Pattern Recognition,Honolulu,2017：6230-6239.

[134] Kobylinski P,Wierzbowski M,Piotrowski K. High-resolution net load forecasting for micro-neighbourhoods with high penetration of renewable energy sources[J]. International Journal of Electrical Power & Energy Systems,2020,117：105635.

[135] 刘鹏坤,朱成杰,张越. 轻量型高分辨率人体关键点检测改进研究[J]. 计算机工程与应用,2021,57(2)：143-149.

[136] Yu F,Koltun V. Multi-scale context aggregation by dilated convolutions[EB/OL]. https://arxiv.org/abs/1511.07122[2021-04-20].

[137] 顾书豪,李小霞,王学渊,等. 增强语义信息与多通道特征融合的裂缝检测[J]. 计算机工程与应用,2021,57(10)：204-210.

[138] Liu R M,Cai W W,Li G J,et al. Hybrid dilated convolution guided feature filtering and enhancement strategy for hyperspectral image classification[J]. IEEE Geoscience and Remote Sensing Letters,2022,19：1-5.

[139] 徐海燕. 基于通道相似度注意力的图像分类研究[J]. 信息技术与信息化,2021(11)：78-80.

[140] Zhao Y,Li G Q,Xie W J,et al. GUN：Gradual upsampling network for single image super-resolution[J]. IEEE Access,2018,6：39363-39374.

[141] Dumoulin V,Visin F. A guide to convolution arithmetic for deep learning[EB/OL]. https://www.docin.com/p-2176291781.html[2023-01-12].

[142] 温亚楠. 目标背景不均衡条件下的语义分割算法研究[D]. 兰州：兰州交通大学,2021.

[143] Olmschenk G,Tang H,Zhu Z G. Improving dense crowd counting convolutional neural networks using inverse K-nearest neighbor maps and multiscale upsampling[EB/OL]. https://ui.adsabs.harvard.edu/abs/2019arXiv190205379O/abstract[2022-06-30].

[144] Liu X,Suganuma M,Sun Z,et al. Dual residual networks leveraging the potential of paired operations for image restoration[C]//2019 IEEE/CVF Conference on Computer Vision and Pattern Recognition, Long Beach,2019：7007-7009.

[145] Suchocki C,Błaszczak-Bak W. Down-sampling of point clouds for the technical diagnostics of buildings and structures[J]. Geosciences,2019,9(2)：70.

[146] Lan W B,Dang J W,Wang Y P,et al. Pedestrian detection based on YOLO network model [C]//2018 IEEE International Conference on Mechatronics and Automation(ICMA),Changchun,2018：1547-1551.

[147] Tsotsos J K,Culhane S M,Wai W Y K,et al. Modeling visual attention via selective tuning [J]. Artificial Intelligence,1995,78(1-2)：507-545.

[148] Powles J,Hodson H. Google DeepMind and healthcare in an age of algorithms[J]. Health and Technology,2017,7(4)：351-367.

[149] 曹锦纲,杨国田,杨锡运. 基于注意力机制的深度学习路面裂缝检测[J]. 计算机辅助设

计与图形学学报,2020,32(8):1324-1333.

[150] 张志华,邓砚学,张新秀. 基于改进 SegNet 的沥青路面病害提取与分类方法[J]. 交通信息与安全,2022,40(3):127-135.

[151] 朱洁茹. 基于深度学习的图像分割边缘效果优化方法研究[D]. 哈尔滨:哈尔滨工业大学,2021.

[152] Drozdzal M, Vorontsov E, Chartrand G, et al. The importance of skip connections in biomedical image segmentation[C]//Deep Learning and Data Labeling for Medical Applications, Cham, 2016:179-187.

[153] 黄泳嘉,史再峰,王仲琦,等. 基于混合损失函数的改进型 U-Net 肝部医学影像分割方法[J]. 激光与光电子学进展,2020,57(22):221003.

[154] Shao F M, Wang X Q, Meng F J, et al. Improved faster R-CNN traffic sign detection based on a second region of interest and highly possible regions proposal network[J]. Sensors, 2019,19(10):2288.

[155] 王梅,李东旭,陈琳琳,等. 基于 AT-NMS 的 Mask RCNN 改进算法[J]. 计算机工程与科学,2021,43(10):1803-1809.

[156] Li J, Huang L, Wei Z Q, et al. Multi-task learning with deformable convolution[J]. Journal of Visual Communication and Image Representation,2021,77:103109.

[157] Dai J F, Qi H Z, Xiong Y W, et al. Deformable convolutional networks[C]//2017 IEEE International Conference on Computer Vision(ICCV), Venice, 2017:764-773.

[158] Xi W, Sun L, Sun J. Upgrade your network in-place with deformable convolution[C]//The 19th International Symposium on Distributed Computing and Applications for Business Engineering and Science(DCABES), Xuzhou, 2020:239-242.